Reinhold Stecher

Nachlese

Reinhold Stecher

Nachlese

Unveröffentlichte Texte,
Zeichnungen und Bilder
zum Nachdenken und Schmunzeln

Herausgegeben von Paul Ladurner

Tyrolia-Verlag · Innsbruck-Wien

Mitglied der Verlagsgruppe „engagement"

Bibliografische Information Der Deutschen Nationalbibliothek
Die Deutsche Nationalbibliothek verzeichnet diese Publikation in der Deutschen Nationalbibliografie; detaillierte bibliografische Daten sind im Internet über http://dnb.d-nb.de abrufbar.

2. Auflage 2013

Umschlaggestaltung und Layout: Tyrolia-Verlag, Innsbruck
Covermotiv: St. Magdalena im Gschnitztal
Lithografie: Artilitho, Lavis (I)
Druck und Bindung: Gorenjski-Tisk, Slowenien
ISBN 978-3-7022-3319-8 *(gedrucktes Buch)*
ISBN 978-3-7022-3320-4 *(E-Book)*
E-Mail: buchverlag@tyrolia.at
Internet: www.tyrolia-verlag.at

Inhalt

Vorwort

Bischof Stecher ist nicht mehr! Seine „sanfte Landung“, die er erhoffte, hat große Bestürzung hervorgerufen. Gleichzeitig ist uns allen erst richtig bewusst geworden, dass ein ganz Großer einfach „heimgegangen“ ist.

Er war ein begeisterter Bergsteiger, ein beliebter Bischof, ein fesselnder Erzähler, ein origineller Formulierer, ein Meister des Witzes, ein tiefer Denker, ein in seiner Heimat und der Heimatkirche Verwurzelter, ein mit der Botschaft Christi tief Verbundener und einer, der mit allen „konnte“. Er war auch ein einfallsreicher Karikaturist, der meist „im Stillen blühte“, und als Hobbymaler ein begehrter Aquarellist. Es wird Jahre dauern, bis sein Verlust verwunden werden kann, wenn überhaupt.

Die verwöhnte Leserschaft (12 Bücher mit einer Gesamtauflage von über 650.000 Exemplaren) hat sich wohl schon damit abgefunden, dass vielleicht noch Kalender kommen, aber ein Buch?

Es gibt ein Buch! Aus seinem reichen schriftlichen Nachlass konnte ich – seit Jahrzehnten mit ihm freundschaftlich verbunden – einen bunten Mix zusammenstellen aus Prosa und Gedichten, ernsten und originell-lustigen Texten, garniert mit Aquarellen, Karikaturen und Fotos.

Es ist mir und meiner Frau ein echter Auftrag – und dabei fühlen wir uns mit Hunderten, ja Tausenden herzlich verbunden –, dafür zu sorgen, dass Reinhold Stechers Anliegen, seine Botschaft und seine Ausstrahlung noch möglichst lang erhalten bleiben, und dass – wie sich sein Schüler, Univ.-Prof. Dr. Peter Stöger, ausdrückt – „die Dynamik seines Wesens zum Motor für weitere eigenständige, auf ihn aufbauende Aktivitäten wird".

Und so übergeben meine Frau Inge und ich diese „Nachlese" allen, die ihn gekannt, geschätzt und geliebt haben, in der Hoffnung, mit diesem Buch Freude und gute Erinnerung zu bewirken.

Paul Ladurner

Nachwort zum Vorwort

„Meine Augen suchen die Treuen im Land." Diesen Vers aus dem 101. Psalm hat Reinhold Stecher vor etwa 30 Jahren für seinen Freund Paul, meinen lieben Mann, schön schreiben und einrahmen lassen.

Die „Nachlese" ist das Ergebnis von herzhafter Treue und Freundschaft. Aus Wertschätzung für Reinholds Tiefsinn und überbordende Kreativität hat Paul durch mehr als ein halbes Jahrhundert von ihm ernste Texte sowie plötzlich sprudelnde Einfälle, Gedichte und Späße gesammelt. Nach Reinholds Tod hatte er hunderte fliegende Blätter aus seiner Wohnung gesichtet und geordnet.

Durch Pauls unermüdlichen Eifer konnte die „Nachlese" entstehen, die wie mit einer kleinen Taschenlampe ein paar Streiflichter auf den großen Menschen und Seelsorger Reinhold Stecher wirft. Seiner vielschichtigen Persönlichkeit entsprechend, erzählt dieses Büchlein von Lebensernst, Lebensfreude und unbändigem Humor. Es soll alle, die darin lesen, zum Nachdenken, Schmunzeln und Dankbarsein anstiften und ganz in Reinholds Sinn die von ihm besonders geförderten Werke unterstützen.

Haben nicht viele von uns als Kinder das alte Lied von der Freundschaft gelernt, wo es heißt: „... lebet fort noch in Gedanken und der Treue nicht vergisst"?! Darum geht es; in einem solchen Erinnern verschwimmen die Grenzen von Zeit und Raum, von „herüben und drüben".

Ingeborg Ladurner

Der Totznhacker

Es könnte Leserinnen und Leser geben, die keine Ahnung haben, was „Totznhacken" bedeutet. Darum ist hier vorweg eine kleine Einführung nötig. Totznhacken ist eine leider aussterbende Sportart, die selbst in Tirol nur begrenzt verbreitet war und nie eine Aussicht hatte als olympische Disziplin aufgenommen zu werden. Totznhacken wurde in Innsbruck auf dem relativ engen Siedlungsraum zwischen Inn und Nordkette ausgeübt, d. h. in den Gemeinden Hötting und St. Nikolaus. Über das Alter dieser Sportart vermag ich keine Angaben zu machen. Ich weiß auch nicht, ob darüber einschlägige Forschungen vorliegen. Interessant ist, dass diese Sportart nur in den Frühjahrsmonaten nach der Schneeschmelze ausgeübt wurde, was zumindest den Verdacht weckt, es könne hier ein Wachstumszauber im Spiel sein, der bis in vorgeschichtliche Zeiten reicht, wie das bei vielen anderen Tiroler Volksbräuchen der Fall ist.

Sei es, wie es will – noch vor nicht allzu langer Zeit erschienen mit der Frühjahrsonne an verschiedenen Straßenecken und Plätzen die Buben mit ihren Totzn. Es handelt sich dabei um zwiebelförmige Kreisel mit metallener Spitze. Man zeichnet einen kleinen Kreis auf den Boden und legt eine Münze in die Mitte. Dann wird der Totzn mit Hilfe einer umwickelten Schnur zum Kreisen gebracht und muss kunstgerecht so auf den Boden gesetzt werden, dass er in das kleine Rund hineintanzt und das Geldstück herausschlägt. Wer das als erster zusammenbringt, hat das Geldstück gewonnen.

Es ist natürlich klar, dass dieser Sport nicht in Hinterhöfen oder abgelegenen Orten ausgeübt werden kann. Er hat immer

St. Nikolaus, Innsbruck

die Öffentlichkeit gesucht, weil er notgedrungen Sponsoren benötigt. In diesem Punkte unterscheidet sich diese Sportart, die von Kindern zwischen acht und dreizehn Jahren ausgeübt wurde, nicht vom modernen Profifußball. Der Unterschied liegt nur in den investierten Summen. Und Totznhacker machen keine Bankschulden und Schwindelmanöver, wenn die Sponsoren ausgehen. Sie stellen dann eben ihre Vorstellung ein. Um Vorübergehende zur finanziellen Unterstützung dieses edlen Brauches zu motivieren, verwendeten die Totznhacker immer den Vers „Lieber Hear! Setzen's an Groschen ins Kreasel, mei Totzn singt wia a Tannenmeasl!".

Wenn neulich der Landeshauptmann und der zuständige Landesrat für Sport öffentlich dazu aufgerufen und ermuntert haben, dass potente Sponsoren sich des notleidenden Tiroler Fußballsports annehmen sollten, unterscheidet sich diese Initiative nicht wesentlich vom Singsang der Totznhacker. Nur, wie gesagt, in den angepeilten Beträgen.

Das Tragtier Regina

Heutzutage sieht man bei uns keine Mulis mehr. Selbst das Österreichische Bundesheer hält nur noch am Haflinger fest. Mulis sind eine Kreuzung von Eselshengst und Pferdestute. Und ich hatte immer den Eindruck, dass unsere Mulis beim Militär über diese Tatsache seelisch schwer hinweg kamen. Es muss ja wirklich belastend sein, zu wissen, dass der Vater ein Esel ist. Mulis sind daher nur sehr begrenzt kontaktfähig. Mit Pferden kann man reden. Man spürt Reaktionen. Mulis sind weniger ansprechbar.

Mein Freund Georg, der von Beruf Oberkellner in einem Großhotel am Arlberg war und drei Fremdsprachen beherrschte, wurde in der deutschen Wehrmacht als Mulifführer eingesetzt. Man war dort immer sehr darauf bedacht, die Menschen entsprechend ihren zivilen Fähigkeiten einzusetzen. Es ist ihm aber nie gelungen, zu seinem Tragtier Regina eine nähere Beziehung aufzubauen. Regina war weder auf Deutsch noch Italienisch, Englisch oder Französisch ansprechbar und blieb immer abweisend. Sie war schrecklich stur. Georg hat mir versichert, sie könne fünf Stunden in eine Ecke schauen, ohne mit einem Ohr zu wackeln – was auch nicht gerade ein Hinweis auf ein reiches Innenleben ist. An sich wäre es die Rolle Reginas gewesen, als Tragtier den Siegeszug der deutschen Armeen zu verstärken. Sie wollte aber kein Tragtier sein. Sie war ein Zugtier. Aber nicht eines das zieht, sondern das gezogen wird. Wenn man hie und da zu den Kolonnen der Tragtiere zurückschaute, die da durch die klirrkalten Weiten der nordrussischen Landschaft zogen, konnte man immer in der Mitte der hintereinander durch den Schnee stapfenden Soldaten und Mulis eine Lücke entdecken. Da riss die Kolonne ab und kam nie recht zum Anschluss. Das war mein armer Freund Georg mit seinem Tragtier Regina. Er, der selbst schwer beladen war, stolperte voraus und musste mit langem, über die Schulter gelegtem Zügel seine Regina hinter sich her ziehen. Sie machte einen langen Hals, legte die Ohren zurück und folgte nur höchst widerwillig mit hinhaltender Resistenz.

Sie hatte absolut keinen Sinn dafür, dass der große Feldherr seinen Armeen als Programm „Vorrrwärts!“ (mit drei r) zugerufen hatte und dass alle Generalfeldmarschälle, Generäle, Obersten, Majore und Kompagniechefs dieses „Vorrrwärts“ in den verschiedensten Tönen weiter brüllten. Regina war das wurscht. Sie beschleunigte ihren Gang nicht. Sie machte tagelang den Hals lang, als ob sie die Absicht hätte, zu einer Giraffe zu mutieren. Sie wäre das richtige Wappentier für die passive Widerstandsbewegung gewesen. Man weiß natürlich nicht, was in einem so verschlossenen Tier vorgeht. Aber vielleicht hatte Regina eine Ahnung, was für ein ungeheurer militärischer Unsinn der Marsch in den Winter und das Vorrrwärtsgeplärr des großen Führers war. Man kann nicht von der Hand weisen, dass im hinhaltenden Widerstand von Regina mehr Weisheit war als im Oberkommando der Wehrmacht. Die Zukunft unserer Truppe im Besonderen und des Dritten Reiches im Allgemeinen hat ihr jedenfalls recht gegeben. „Lasst den Blödsinn!“, sagte ihr langer Hals und der immer gestraffte Zügel, „lasst den Blödsinn, ihr rennt ins Verderben …!“ Aber niemand hat ihre Sprache verstanden. Man hat sie missachtet, weil ihr Vater ein Esel war. Und dabei hatten so viele Esel die Führung einer ganzen Nation übernommen.

Schließlich kamen wir in bitterster Kälte in die Frontstellung. Im Flussbett des Lowat, der völlig zugefroren war, wurden

die Tragtiere zurückgelassen. Wir gingen ein Stück weiter und schlugen an einem Waldrand die Zelte auf, natürlich Zelte ohne Boden, die bereits aus unseren Zeltbahnen geknüpft waren, denn bei 52 Grad unter null kann man kein Zelt knüpfen. Die Nacht brach herein – und mit ihr kam der „Eiserne Gustav", so hieß nämlich ein russisches Bombenflugzeug, das sehr tief flog und von dem man die Bomben mit der Hand hinauswarf. Unser Zelt bekam auch einen Splittersegen ab und hatte seither viele Löcher. Aber die meisten Bomben fielen weiter rückwärts. Plötzlich stürzt einer ins Zelt herein und schreit: „Die Tragtiere! Es hat die Tragtiere erwischt!" Georg schoss sofort empor: „Die Regina, jetzt ist die Regina hin!" Und es war in seiner Stimme nicht viel Trauer oder Entsetzen. Er eilte hinunter zum Fluss – und da bot sich wirklich ein betrübliches Bild. Viele Tiere lagen nach den Volltreffern verwundet oder tot herum. Die anderen hatten sich losgerissen und jagten durch den Pulverschnee. Nur ein Tragtier stand unverwundet und völlig gelassen an seinem Platz: Regina! Sie bewahrte entsprechend ihrem Namen geradezu königliche Ruhe, denn Panik war nicht ihre Sache. Die Katastrophe rund um sie herum war ja eine einzige Bestätigung ihres nachhaltigen Widerstandes gegenüber den deutschen Angriffsplänen.

Ich habe später auf Bischofswappen die verschiedensten Symbole und Tiere gesehen. Bayrische Löwen und steigende Panther, Adler und Osterlämmer. Beinahe wäre ich in Versuchung gekommen, das Tragtier Regina in mein Wappen aufzunehmen. Ich habe mich ihm immer im Geheimen verbunden gefühlt, wegen seines Widerstandes gegen den Wahnsinn des Krieges, in den es sich nur mit langem Hals und gestrecktem Zügel schleppen ließ, und nicht zuletzt wegen seiner wunderbaren Errettung im zugefrorenen Fluss

Lowat. Schließlich bin ich ja auch – fast wunderbar – der Hölle entronnen. Aber im Bischofswappen wäre der Muli doch schwierig zu erklären gewesen und hätte möglicherweise zu peinlichen Deutungen führen können.

Tirol bei Nacht

Es ist ein eher seltener Anblick, aber ich habe ihn genossen. Normalerweise ist man ja bei Nacht nicht auf der Seegrube oder auf dem Hafelekar. Es ist ein einmaliges Erlebnis. Der Blick über die dunklen Bergsilhouetten im schwachen Mondlicht. Drunten das Tal und die Stadt mit den tausend Lichtern – wie die Auslage eines Spitzenjuweliers, ein Diamantenteppich. Zwischen den vielen kleinen Edelsteinen gibt es große – wie kostbare Solitäre. Da leuchtet unter dem Patscherkofel der Nachtschihang bei Heiligwasser, und da und dort strahlen Kirchenfassaden, die Straßenbeleuchtungen bilden Perlenketten, der Flughafen mit der Pistenbefeuerung bildet ein Brillantcollier, sogar das Gefangenenhaus Ziegelstadel flammt mit seinen Sicherheitsscheinwerfern wie ein Smaragd in der Nacht auf.

Aber als alter Seelsorger für Land und Stadt kann man zunächst nicht einfach bei dieser romantisch-verklärenden Sicht der Dinge stehen bleiben. Man weiß um die Dunkelheiten zwischen dem Licht, um Seitengassen, Hinterhöfe und Schattenwinkel der Gesellschaft, in die sich wenig Helle verirrt. Und an manchen Dunkelheiten rast das moderne, hektische Leben vorbei wie die hastenden Scheinwerfer unter den dunklen Wäldern des Paschberges und des Mittelgebirges.

Ich weiß um die Dunkelheiten. Da ist die Neunjährige, die mir weinend erzählt, dass sich ihre Eltern scheiden lassen wollen. „Ich möcht' sie wieder zusammenbringen …", sagt sie. Sie wird sie nicht mehr zusammenbringen, erklärt mir der Rechtsanwalt.

Und da ist der Fixer, der von der Sucht nicht loskommt und auf der Bank auf den nächsten Schuss wartet, sozusagen im Anblick der herrlich-erleuchteten Domfassade – aber in seinem Leben leuchtet nichts mehr.

Und da gibt es den Depressiv-Kranken, für den die adventlich erleuchteten Straßen und der ganze Vorweihnachtsrummel alles andere als einen Trost darstellen. Er kann mit dieser kommerziell fabrizierten Festesstimmung nichts anfangen – im Gegenteil, sie kann seine Belastung verstärken.

Und da sind die Dunkelheiten in den vielen Stockwerken der Klinikbauten mit Bangen und Hoffen, Schmerzen und Warten, und Abschiednehmen.

Und in einer Straße da drunten weiß ich den jungen Familienvater, der den Arbeitsplatz verloren hat und jetzt nicht weiß, wie er die eben erworbene Wohnung weiterfinanzieren soll. Nein – so schön das Licht in Stadt und Tal ist, blenden lasse ich mich davon nicht, sodass ich die dunklen Schatten übersehen könnte, die in unserer Heimat nun einmal da sind. Und genau genommen, wenn ich mir das ganze nächtliche Panorama vom Kellerjoch bis zum Habicht und zum Hocheder anschaue, dann scheint mehr Dunkel da zu sein als Licht.

Aber nun muss ich zu den Lichtern kommen. Es gibt in unserer Welt auch vieles, das Hoffnung macht. Und ich habe im Laufe der Jahrzehnte viele Lichter aufblitzen sehen, durchaus ein Lichtermeer – als Jugendseelsorger, als Lehrerbildner, als Diözesanbischof, als Caritasbischof von Österreich, als Pensionist bis zum heutigen Tag.

Da sind die vielen Lichter der Menschlichkeit und des Miteinanders. Ich brauche nur die obersten Stockwerke des Sanatoriums an der Kettenbrücke zu suchen – und dann bin

Die Innsbrucker Maria-Theresien-Straße bei Nacht

ich überwältigt von der wunderbaren Initiative in unserer Zeit: Der Hospizbewegung, die dem Sterben seine Würde geben will, die Würde, die Euthanasie-Abspritzer nicht kennen, weil sie fürs Einschläfern sind, wie bei den kranken Tieren im Zoo.

Und da sind die freiwilligen Helfer im Obdachlosenheim, in den Teestuben, im Rotkreuzdienst. Und die 600 Mitarbeiter des Vinzenzvereins sind ein Lichtteppich für sich.

Und eben habe ich mich bei einer Frau, die putzen geht, mit einem Brief bedankt, weil sie mir fünfzig Euro von ihrem sauer verdienten Geld für die verdurstenden Dörfer in Mali geschenkt hat. Und diese fünfzig Euro strahlen genauso wie ein kostbarer Brillantsolitär, wie die 300.000 Euro, die mir eine Dame durch ihren Rechtsanwalt für wohltätige Zwecke auf den Schreibtisch legen lässt.

Ich habe so viele Lichter erlebt. Nicht nur Lichter, die bei uns aufstrahlen, sondern auch Lichter, die wie da unten die Scheinwerfer auf der Autobahn wegfahren, ins Dunkel der Welt hinein, nach Osten in die Hilfe für arme Dörfer und Kinderheime in Rumänien, für ruinenübersäte Gebiete im Kosovo, und nach Süden in das verdurstende Elend der Sahelzone, oder nach Westen über den Atlantik in die Elendssiedlungen Brasiliens.

Beides ist großartig – die stehenden Lichter in der Heimat und die fahrenden Lichter in die Welt.

Und so ist der nächtliche Blick von der Seegrube gleichzeitig eine ernste und eine tröstliche Meditation über unsere Heimat, unsere Gesellschaft und unsere Welt.

Es gibt heute viele, die nur die Dunkelheiten sehen, die Schatten, die Probleme, die ungelösten Fragen, die Skandale, die negativen Schlagzeilen und Sensationen, die betrüblichen Statistiken und die drohenden Gefahren.

Aber vom erhöhten Standpunkt der Nordkette aus wird man auch von der Bedeutung der Lichter bewegt. Ich wage das Bild ein bisschen weiter zu denken: Der „erhöhte Standpunkt", die Welt zu betrachten, lässt erahnen, was für eine Macht das Gute in der Welt hat und dass es nicht nur eine destruktive Globalisierung des menschenverachtenden Kapitals gibt, sondern auch eine Globalisierung der Menschlichkeit. Dieser „erhöhte Standpunkt" ist der Glaube an einen gütigen Gott, der alles Dunkel und alles Licht der Welt umarmt, und mit seiner Macht dafür sorgen wird, dass das Licht siegt.

Ich möchte alle einladen zur letztlich tröstenden, befreienden, letztlich verzaubernden Fahrt auf den Berg, zur Schau über

T i r o l b e i N a c h t.

Meine frühkindlichen Beziehungen zur Tiroler Kulturszene

Bei einem Abend, den Bischof Stecher und der damalige Intendant des Tiroler Landestheaters, Kammerschauspieler Helmut Wlasak, gemeinsam bestritten haben, trug Reinhold Stecher folgenden Text vor:

Sie können sich natürlich vorstellen, dass ich sehr stolz bin, diese Stunde hier mit einem Mann wie Kammerschauspieler Helmut Wlasak gestalten und ihn meinen Freund nennen zu dürfen. Aus diesem Grund erträgt er mich auch großzügig in diesem Entertainment als Mitwirkenden, obwohl ich nicht im Entferntesten an das Niveau seiner Schauspielkunst heranreichen kann. Ich gehöre ja an sich nicht zur Tiroler Kultur-, sondern zur Weihrauchszene. Die Veranstaltung bietet Ihnen aber den Vorteil, den Unterschied zwischen Profi und Dilettant einmal hautnah vor Augen gestellt zu bekommen. Sollte jemand auf die Idee kommen, ich würde mich etwa zur Gilde der Maler zählen, weil ich hie und da ein wenig pinsle, dann irren Sie sich. Meine Bilder sind ungeschulte, naive Hobbywerke, die gütige Menschen für wohltätige Zwecke in Welt und Heimat großzügig zu honorieren bereit sind. Ich hoffe wohl mit Gottes Hilfe in die ewige Seligkeit einzugehen, aber sicher nicht in die Kunstgeschichte. Dazu habe ich vor den vielen Bildbänden in meiner Bibliothek einen viel zu großen Respekt.

Wenn ich also heute außerhalb des Randes der Kulturszene stehe, so kann ich doch nicht verschweigen, dass ich sehr intensive frühkindliche Beziehungen zur Tiroler Künstlerschaft unterhalten habe. Tatsachen sind einfach Tatsachen. Und auf diese wegweisenden historischen Begegnungen bin ich natürlich stolz.

Zwei davon erlaube ich mir hier zum ersten Mal der Öffentlichkeit darzulegen, wobei eine wiederum die Welt des Theaters berührt.

Ich bin in Mühlau aufgewachsen, in einem Haus, in dem sechs Kinder wohnten. Da es damals weder Fernsehen noch Radio gab und sich auch das Spielzeug in Grenzen hielt, mussten wir uns selbst unterhalten. Die Größeren haben Theaterstücke verfasst. Ich konnte noch nicht lesen und schreiben und war daher bei den literarischen Vorbereitungen nicht gefragt. Wohl aber bei den technischen. Die Aufführung stieg für Hausbewohner und Nachbarn im Hennenhof unseres Gartens. Dazu mussten zunächst die Hennen, die wir in unsere sonst durchaus vorhandene Tierliebe nicht einschlossen, in den Stall getrieben werden, was sie unter kreischendem Protest über sich ergehen ließen. Es gibt in Europa auch heute kaum irgendwelche Festspiele ohne Proteste. Dann musste der Bühnenplatz von den unästhetischen Spuren der Hennen gereinigt werden. (Lieber Intendant, du hast oft Regie geführt und dich um tausend Dinge kümmern müssen – aber Hennendreck hast du sicher noch nie wegräumen müssen.) Dann spannten wir ein Wäscheseil quer über den Platz und fabrizierten aus allen verfügbaren alten Decken in den drei Wohnungen einen Vorhang. Denn ein Theater ohne Vorhang schien uns undenkbar zu sein. Schließlich mussten ja überraschende Szenerien dargeboten werden.

Ich weiß die Details des Dramas nicht mehr. Ich weiß nur, dass in der großartigsten Szene die elfjährige Gerhild aus dem ersten Stock unseres Hauses als Königin der Nacht auf einem mehrere Stufen hohen Thron saß, den wir mit großer Mühe und mit Hilfe eines alten Fauteuils errichtet hatten. Gerhild hatte dunkles Haar, ein Diadem aus Silberpapier und ein dunkelgrünes Seidenkleid aus Großmutters Glanzzeit, das natürlich viel zu groß war, aber in effektvollen Falten über die Stufen fiel. Gerhild war ganz Würde. Ich stand zu Füßen des Thrones als schwarzer Ritter mit selbstgeschnitztem Schwert und Pappendeckelschild. Aber ich war nur Statist. An sich sollte die Szene Erhabenheit ausstrahlen. Mein älterer Bruder Helmut wollte zwar als werbender Prinz den Thronsaal betreten. Aber dazu kam es nicht. Grund dafür war ein ungebetener Gast, der sich plötzlich in das festliche Ensemble mischte. Es handelte sich um unseren frechen schwarzen Kater, der natürlich gewohnt war, bei unseren Spielen dabei zu sein. Er kam zwischen den Spalierbäumen heraus, sprang auf den Thron und die Rückenlehne und umschmuste die Königin der Nacht in beinahe sittenwidriger Weise – und so ging alles im Gelächter der Zuschauer unter.

Nun werden Sie sich fragen – was ist da mit der Kulturszene Tirols auf diesem Hennenhof in Mühlau? Nun – die Königin der Nacht war keine geringere als Gerhild Diesner, die große Malerin, die weit über die Grenzen unseres Landes mit ihren farbenfrohen Landschaften und Stilleben bekannt wurde. Ich habe ein Bild von ihr – und jedes Mal, wenn ich es anschaue, freut es mich. Ich habe mich später mit der leider zu früh Verstorbenen öfters getroffen – und wir haben uns lachend an das Drama auf dem Hennenhof mit der Balletteinlage des Katers erinnert. Sie ist wirklich eine Königin des Schönen geworden – und ich – na ja! – eigentlich doch auch so etwas Ähnliches wie ein schwarzer Ritter.

Reinhold Stecher zwischen seinem Bruder Gottfried (li.) und seinem Schulkameraden Helmut Peer um 1930 auf Sommerfrische in Sistrans (Foto Archiv Hildegard Eberl)

Die zweite Episode geschah zwei Jahre später. Als mein Vater sehr früh starb, lud einer seiner besten Freunde, ein Innsbrucker Arzt, meine Mutter und uns drei Kinder für vier herrliche Ferienwochen in die damalige Pension Kraft hoch über Matrei ein, die der Frau des genannten Arztes gehörte. Heute ist diese Fremdenpension das Haus St. Michael, das Bildungshaus der Diözese Innsbruck. Im Jahre 1939 fungierte es als Priesterseminar. Ich bin dort als Theologe eingezogen.

In der Arztfamilie waren fünf Kinder. Wir waren drei – also war für Leben gesorgt. Wir hausten im Kellergeschoß. Oben in den Stockwerken wohnten Gäste aus England. Da ging es vornehmer zu. Von den Kindern des Arztes war Paul in meinem Alter – und darum steckten wir viel beisammen. Da, wo heute im Neubau bildungsbeflissene oder fromme Exerzitienteilnehmer hausen, stand damals eine Kegelbahn. Diese Kegelbahn wurde für Paul und mich zur Goldgrube. Die Engländer kegelten nämlich mit Begeisterung und wir stellten ihnen die Kegel auf. Wir wurden für damalige Verhältnisse geradezu fürstlich belohnt. Es kam vor, dass jeder an einem Nachmittag zwei Schilling erhielt (damals konnte man um einen Schilling im Gasthaus gut essen). Natürlich wanderte das Geld unter den Augen unserer verantwortungsbewussten Mütter in eine Sparschachtel. Aber als einmal in Matrei drunten ein Markt abgehalten wurde, bekamen wir die Erlaubnis, einen Schilling auszugeben. Paul und ich wanderten also durch das bunte Treiben und streiften durch die Buden, um für uns lebenswichtige Waren auszumachen. Paul hatte immer schon einen etwas skurrilen Humor. Er kaufte eine ganze Kette zusammenhängender Safladiwürste, die er wie einen Patronengurt um die Brust schlang und zu essen begann. Ich erstand nach längerem Überlegen zwei Kapselrevolver mit sehr viel Munition.

Wir haben dann in den folgenden Tagen den Wald um St. Michael mit Wildwestszenen erfüllt.

Wir fingen mit Hilfe von Bierflaschen und Brot die kleinen Pfrillen im Teich und brieten sie zusammen mit Vogelbeeren in einer alten, rostigen Pfanne. Das ungenießbare Gericht vermittelte doch einen Hauch von Robinson, Winnetou und Abenteuer, bis man uns das Feuermachen streng verbot. Aber, wie gesagt: Paul hatte einen Hang zum Fantastischen und Absonderlichen. Er stellte auch in Rindenstücken Moose, Pilze und Blumen zusammen und nannte das einen „Arran-Schmarrn", was eine Umformung des französischen Ausdrucks Arrangement bedeutete.

Und was hat das mit der Tiroler Kulturszene zu tun? Nun, mein Spielgefährte auf Kegelbahn, Marktplatz und Fischteich war der berühmte Paul Flora, der große Altmeister der Tiroler Grafik, der mit seinen liebenswürdigen und hintergründigen Karikaturen und Zeichnungen aus der Kulturwelt gar nicht mehr wegzudenken ist. Er hat mit seinen Werken über das Künstlerische hinaus vielen Menschen Gutes getan. Über meine kümmerlichen Malversuche kann ich keine Verbundenheit orten. Aber uns verbindet mehr: eine Kegelbahn, Safladiwürste und Kapselrevolver, Spiel um den See und ein geheimes Lagerfeuer …

Paul Flora und Gerhild Diesner!

Und jetzt frage ich Sie: Darf ich nicht ein wenig mit frühkindlichen Beziehungen zur Tiroler Kulturszene prunken?

Ein Leutnant namens Hoffmann …

In meinen Erinnerungen an die Jahre in der deutschen Wehrmacht gibt es nicht viele Lichtblicke. Da spielt sich mit der Vergangenheitsverklärung, wie sie bei älteren Leuten oft vorkommt, nichts ab. Objektiv gesehen war in diesem Abschnitt meiner Jugendzeit alles sinnlos schrecklich und schrecklich sinnlos. Aber man muss sich doch bemühen, positive Elemente nicht ganz zu vergessen.

Und dazu gehört für mich unbedingt die Erinnerung an einen Offizier, der außerordentlich menschliche Züge zeigte und mir unvergesslich geblieben ist. Und so widme ich ihm in Dankbarkeit diese Zeilen.

Es handelt sich um einen Leutnant namens Hoffmann. (Der Name ist unbedingt auch mit zwei f zu sprechen, am besten mit drei, weil eine prägnant-zackige Aussprache bei der deutschen Wehrmacht von entscheidender Bedeutung war.)

Die Sache beginnt im Talkessel von Landeck.

Ich rückte dort als Rekrut der Gebirgsjäger im Herbst des Jahres 1941 ein. Unmittelbar vorher war ich aus der monatelangen Haft der Gestapo in Innsbruck entlassen worden. Man hatte mir, dem noch nicht neunzehnjährigen Theologiestudenten, vorgeworfen, ich hätte mich an der Organisation einer Wallfahrt nach Maria Waldrast beteiligt. Auf Grund der feinfühligen Behandlung durch die SS war ich in der richtigen patriotischen Stimmung, wie sie eben ein Soldat braucht, der in den Krieg zieht.

Die Gegend von Landeck hatte eine liebenswerte Bevölkerung, die mit uns Soldaten freundlich umging, aber Landeck und seine Umgebung hatten für Soldaten einen unübersehbaren Geländenachteil. Es war alles rundum steil. Ob Thial oder Silberspitze, Schrofenstein oder Venet – alles ist steil. Marschierende Soldaten bevorzugen ebenes Gelände. Auch das Telefonleitung-Legen nach Hochgallmigg war ein mittleres Vergnügen, wie die Chinesen sagen. Die Drahtrollen wogen zwanzig Kilogramm und das Gewehr sieben. Da hört sich alles technische Interesse auf.

Eine Ausnahme in dieser rauen Gegend bildete die liebliche Mittelgebirgsterrasse von Stanz und Grins, zwei Dörfer, die seit Menschengedenken in ausgedehnte Zwetschkenplantagen eingebettet sind. Die Tiroler haben daher dieser Gegend den Namen „Zwetschkenindien“ gegeben. Man verarbeitet dort die Früchte seit der Zeit Karl V. zu einem hervorragenden „Zwetschkeler“.

Es war also September und der ganze Segen dieser Landschaft begann sich zu entfalten. Da wurde eines Tages unser Funktrupp vier Mann hoch in dieses herrliche Ambiente auf Manöver geschickt. Genau genommen waren wir zu fünft. Der fünfte war ein Muli, mit dem ich mich immer besonders verbunden fühlte, weil ich mit ihm das totale militärische Desinteresse teilte. Er konnte fünf Stunden lang in eine Ecke schauen, ohne ein Ohr zu bewegen. So etwas schafft ein Haflinger nie. Aber bei Soldaten, die länger dienen müssen, tritt manchmal eine ähnliche Vereinfachung des Seelenlebens auf.

Wir mussten also einen geeigneten Standort für unsere Funkstation suchen. Dazu braucht es fachmännisch-strategische Überlegungen. Man muss Gruben und Täler meiden, weil dort für unsere damaligen Funkgeräte der Empfang schlechter war. Gleichzeitig musste man darauf achten, gegen Fliegersicht gedeckt zu sein. Der militärische Laie hat von derartigen Notwendigkeiten keine Ahnung. Nach reiflichem Hin und Her entschieden wir uns für einen großen Zwetschkenbaum, der voller reifer Früchte war.

Man muss natürlich bedenken, dass im Krieg und bei einem so gefährlichen Kampfeinsatz wie dem im Raum Stanz-Grins auf die Umwelt nicht so viel Rücksicht genommen werden kann. Im Zuge einer realistisch angenommenen Frontwirklichkeit war es unvermeidlich, dass unsere schweren Bergschuhe manchmal etwas unsanft gegen den Baumstamm stießen. Die Folge war dann nicht ein Kugelregen von blauen Bohnen, sondern von blauen Zwetschken. Einen schöneren Kugelregen kann man sich im schrecklichen Weltkrieg gar nicht vorstellen. Die Zwetschken von Stanz sind besonders süß. Der Genuss war damals natürlich moralisch etwas bedenklich, aber es ist halt immer in der Weltgeschichte so gewesen, von den römischen Legionen über die Kreuzritterheere und die Landsknechtshaufen bis zu den Truppenansammlungen der Franzosenkriege, dass Soldaten sich von den Früchten des Landes ernähren. (Ich möchte aber bemerken, dass ich bis zum heutigen Tage auf Grund meines schlechten Gewissens alljährlich Stanzer Zwetschken kaufe, sobald sie in Innsbruck auf den Markt kommen. Aber ich gebe zu, dass der Zwetschkenbaum von Stanz eine etwas dunkle Episode in meinem Bischofsleben bildet.)

Während wir also unsere verschlüsselten Funksprüche von abenteuerlichen Feindberührungen und Sperrfeuerbefehlen durch den Äther jagten, befassten wir uns intensiv mit dem Obst. Gute Funker können Morsezeichen-Hören und Zwetschken-Essen ohne Weiteres verbinden, ohne dass der militärische Auftrag beeinträchtigt wird.

Da kam ein altes Mandl vorbei, lehnte sich über den Zaun, betrachtete etwas kritisch unsere soldatischen Aktivitäten und fragte dann mit einem leisen Lächeln:

„Miaßt's es do drein sein?"

Und da antwortete ich wie aus der Pistole geschossen und mit der ganzen Wucht eines kriegswichtigen Auftrags:

„Jawolll! Befehl von Leutnant Hoffmann!"

Das Mandl sagte darauf beruhigt und respektvoll „Ah so" und ging weiter.

Und damit war der Leutnant Hoffmann mit zwei ff für die deutsche Wehrmacht ausgemustert und in ihr Offizierskorps eingegliedert. Er war groß, blond, sportlich und mit dem freundlichen Blick einer eindrucksvollen Persönlichkeit. Er stammte aus dem Rheinland, irgendwo zwischen Bingen und Bonn, wo die netten Leute wohnen. Aber jetzt war er beim dritten Bataillon des Gebirgsjägerregimentes 136 – und er hat mir sehr viele Dienste getan, die ich ihm nie vergesse.

Er ernannte mich zu seinem Offiziersdiener. Offiziersdiener holen das Essen für ihre Chefs. Sie müssen sich auch nicht anstellen bei der Essensausgabe. Mein Leutnant Hoffmann legte auf die dürftige Verpflegung oft gar keinen großen Wert, aber am Sonntag gab es den heißbegehrten Pudding.

Ich ging also nach meiner Mahlzeit zur Essensausgabe, streckte den frischgewaschenen Teller hin und sagte mit jener dienstlichen Lässigkeit, die Offiziersdiener im Bewusstsein der Macht ihrer Chefs an den Tag legen:

„Pudding für Leutnant Hoffmann!"

Nun muss ich zugeben, dass mir eine besondere Situation zu Hilfe kam: Der ausgebende rundlich-freundliche Koch war ein Kapuzinerfrater – das wusste ich. Und ich war ein Student der Theologie – das wusste er. Und in Zeiten einer scharfen Kirchenverfolgung gibt es ganz intensive Formen des Zusammenhalts. Er hielt inne, schaute mich an und blinzelte mit einem Auge. Ich blinzelte mit dem anderen zurück – und er klatschte mir eine gewaltige Portion Pudding auf den Teller – für den Leutnant Hoffmann.

Der gute Leutnant Hoffmann hat auf diese Weise meine Ernährungssituation gewaltig verbessert. Er schickte mich ja nur bei den besseren Menüs – Erbsensuppe und das schäbige Kraut verschmähte er grundsätzlich.

So gingen die Tage in Landeck dahin – im Allgemeinen erträglich, bis auf die Märsche an jedem Freitag. Die waren gefürchtet. Aber Landeck, St. Anton und retour ist auch keine Kleinigkeit, so wie Landeck – Fließ – Prutz – Ladis – Fiss – Ried – Landeck. Da relativiert sich die Schönheit der Landschaft. Man betrachtet sie nur mehr mit den Augen eines vollbepackten Mulis.

Aber schließlich wurden wir bei hereinbrechendem Winter am Bahnhof zum Abtransport verladen. Als der Zug noch einmal einen Blick auf Schrofenstein mit den Abendwolken dahinter gestattete, habe ich in ehrlicher Dankbarkeit und dienstlicher Anerkennung den Leutnant Hoffmann zum Oberleutnant befördert. Es war eine etwas schnelle Karriere, aber verdiente Offiziere können eben im Krieg eine raschere Laufbahn machen.

Der Transport brachte uns in die Oberpfalz zum Truppenübungsplatz Grafenwöhr. Ein Truppenübungsplatz ist eine deprimierende Landschaft. Man darf dabei nicht an unsere Wattener Lizum denken, die ein alpines Paradies ist. In Grafenwöhr gab es verlassene und zerschossene Dörfer, einen beinharten Winter und eine Art von Schleiferei, über die ich den Mantel des Vergessens breiten möchte. Die Verpflegung war jämmerlich, jeweils wechselnd zwischen Kartoffeln und Kraut und Kraut und Kartoffeln. Am Mittwoch gab es eine Fleischportion, die so fein geschnitten war wie die Präparate für eine mikroskopische Untersuchung. Die Temperatur sank auf 30 Grad unter null – und Landeck wurde zur verklärten Erinnerung. Aber mein Oberleutnant Hoffmann kam kaum zum Einsatz – bei Kraut und Kartoffeln.

Aber einmal gab es eine Sensation. Man erhielt pro Mann ein sogenanntes „Früchtebrot". Ich wage nicht den Ausdruck „Zelten", denn den hätte die Sache nicht verdient. Aber immerhin, es war ein wenig süß und ein paar Rosinen und Dörrbirnen waren auch drin. Es war nur sehr wenig. Und so dachte ich, es sei die Stunde für den Einsatz von Oberleutnant Hoffmann gekommen. Ich lehnte mich also an den Tresen und sagte dienstlich-lässig: „Früchtebrot für Oberleutnant Hoffmann!", Der ausgebende Koch beäugte mich zweifelnd-kritisch. Ich fand das unverschämt! „Oberleutnant Hoffmann?", fragte er misstrauisch. „Welche Einheit?" Ich rasselte eine Einheit herunter und die Nummer einer der vielen Kasernen – in Grafenwöhr waren mehr als zehntausend Mann. Als er noch immer zögerte, sagte ich einfach: „Na, mir ist das ja wurscht, er wird sich's schon selber holen, der Herr Oberleutnant …", und wandte mich zum Gehen. Da lenkte er ein und ich erhielt das zweite Früchtebrot. Sie denken sich da heute natürlich nichts dabei – aber damals war das für mich ein richtiges vorgezogenes Weihnachtsfest. Und deshalb habe ich danach den Oberleutnant Hoffmann wegen außerordentlicher Verdienste zum Hauptmann befördert.

An der Front hat mir der Hauptmann Hoffmann allerdings nicht mehr genützt. Da vorne gibt es nicht die Anonymität eines Kasernenstandortes oder eines Truppenübungsplatzes. Vorne kennt man alle. Mein lieber Hauptmann war irgendwo hinten beim Generalstab. Na, auf diese Weise ist er wenigstens am Leben geblieben.

Das Goldene Dachl

Aus Anlass der Präsentation der Briefmarke „Weihnacht 2010" am 11. November 2010

Der Blick aus dem Laubenbogen aufs Goldene Dachl ist für mich eine Kindheitserinnerung. Tag für Tag bin ich schon als Sechsjähriger auf dem Schulweg von der Fallmerayerstraße nach Mühlau durch die Lauben gegangen. Unter dem Stadtturm hatte nämlich eine alte Tante ein Geschäft, und alte Tanten auf dem Schulweg haben ihre Vorteile. Das blitzende Dachl war also ein Stück schöner, vertrauter Heimat, eingetaucht in die Erzählungen des Vaters vom Kaiser Maximilian, den ein Engel als erster Bergretter Tirols aus der Martinswand holte. Das Goldene Dachl war also ein Stück der Märchenwelt des Kindes.

Später ist mein Blick aus dem Laubenbogen nachdenklicher, hintergründiger und nüchterner geworden.

Wie ich 1945 aus dem Krieg nach Hause kam, war das Wahrzeichen der Stadt noch vom Bombenschutt umgeben. Ummauert hat es den Schrecken überstanden. Und weil das Bauwerk in Stein gehauen ist, konnte die Epoche der Barbarei nicht einmal den rot-weiß-roten Bindenschild zerstören, der auf dem Goldenen Dachl zehnmal abgebildet ist. Da hat der Blick aus dem Laubenbogen für mich einen Anflug tröstlicher patriotischer Symbolik bekommen, sozusagen den eines steinernen Lächelns über den beendeten Terror.

An sich geht dieser Blick ja auf ein fröhliches Bauwerk. Über seine Brüstungen und Reliefs tummeln sich die Tänzer,

RST

regiert der Übermut. Es ist das Denkmal des Homo ludens, des spielenden Menschen. Darin unterscheidet es sich wohltuend von den machtbewussten, imponierenden Wahrzeichen vieler Weltstädte, den Paradeplätzen, Hochburgen, Palästen, Pyramiden und Triumphbögen mit Quadriga und Siegesgöttinnen.

Aber deshalb ist der besinnliche Blick aus dem Laubenbogen doch nicht einfach eine Aussicht auf einen provinziell-verträumten Winkel. Das Goldene Dachl hat ein europäisches Flair. Es atmet Europa – seit 500 Jahren. Auf ihm prangen Königs- und Kaiseradler des Reichs, die Wappenschilder von Burgund, Mailand, Sachsen und der Steiermark und der Tiroler Adler. Im Haus, an das sich das Dachl lehnt, dem alten Hofkammergebäude, lag die Verwaltung der vorderösterreichischen Lande über Burgau, Überlingen, Freiburg und dem Elsass bis zum Niederrhein. Und auf dem Platz vor dem Goldenen Dachl, auf dem sich heute Hochzeitsgesellschaften sammeln, hielt vor einem halben Jahrtausend die erste Post Europas von Mailand nach Brüssel. Damals war dieses Europa natürlich noch ein Dynastentraum des letzten Ritters, aber der alte Erker fügt sich gut in die neue Zeit, wenn sich zu seinen Füßen Menschen aus aller Herren Länder drängen. Das Goldene Dachl hat schon Europa begrüßt, lange bevor die blaue Fahne mit den goldenen Sternen aufgezogen wurde.

Aber wenn ich mich an die Wand des Laubenpfeilers lehne und auf das nächtliche Dachl blicke, tauchen auch dunkle Stunden auf. Der Prunkerker Kaiser Maximilians hat nicht nur glanzvolle Turniere und fröhliches Markttreiben gesehen, sondern auch den brennenden Scheiterhaufen für Jakob Huter, den Wiedertäufer, der in einer aufgewühlten, verunsicherten und streckenweise verkommenen und intoleranten Zeit als Ketzer verurteilt worden war. Mit ihm verbrannten

Achtung vor dem Gewissen, Menschenrecht und die christliche Liebe … Das Goldene Dachl hat auch die Feuerzeichen der Unmenschlichkeit gesehen.

Und nun wurde mir also die Aufgabe gestellt, das Goldene Dachl für eine Briefmarke zu malen, im Lichtschein des Christbaums. Ich weiß, dass meine malerischen Fähigkeiten für diese Aufgabe nicht ganz reichen. Ist es ein Zurück in die Kindheitserinnerung, als dieser Blick aus den Lauben der Altstadt auf Innsbrucks verspielten Erker noch ein Stück Märchenwelt war? Nein, ich möchte keinen Regress in Kindertage versuchen. Ich verbinde mit dieser Briefmarke den heißen Wunsch, dass das Goldene Dachl, die Stadt, das Land und der Erdteil im Lichtschein einer Zivilisation der Menschlichkeit und der Liebe bleiben möge, jener Liebe, die im Geheimnis von Bethlehem ihren tiefsten Grund hat.

Die Mühle

Musikclownerien habe ich mir im Fernsehen immer gerne angeschaut. Ich habe sowohl die Virtuosität im Umgang mit Stimme und Instrumenten bewundert, wie auch den sprühenden Witz. Was ich hier erzähle, ist eine musikalische Burleske eigener Art. Sie entstand nicht auf der Bühne oder im Kabarett, sondern im musisch unterbelichteten Soldatenalltag. Unter die Räder gekommen ist dabei ein ganz unschuldiges Volkslied, das niemals dazu geschaffen war, Marschkolonnen anzufeuern. Es ist das Lied von der „Mühle im Schwarzwäldertal", die in der ersten Strophe „leise vor sich hin klappert". Und im Refrain heißt es dann:

„Und wo ich geh und steh,
im Tal und auf der Höh,
da liegt mir die Mühle, die Mühle im Sinn,
die Mühle vom Schwarzwäldertal."

Sie ist mir unauslöschlich im Sinn liegen geblieben, aber nicht als romantische Erinnerung.

Wir waren eine Marschkompagnie, zusammengestellt aus ehemaligen Verwundeten. Man hatte uns in Fürth bei Nürnberg in der Turnhalle eines Gymnasiums untergebracht. Dort harrten wir mit mäßiger Begeisterung auf unseren neuerlichen Abtransport an die Front. Dieses Reiseziel bewirkte bei alten Hasen, von denen jeder schon ein Andenken erhalten hatte, keine fröhliche Aufbruchsstimmung. Aber vorläufig lagen wir in der Turnhalle auf dem Boden und waren ganz zufrieden. So harmlos verbrachte Tage sind für den Soldaten ein Gottesgeschenk. Unsere Ansprüche waren auf ein gefülltes Kochgeschirr und sonst „In-Ruhe-gelassen-Werden" reduziert. Aber die militärische Führung über uns war der Überzeugung, dass Soldaten bewegt werden müssen wie Pferde und Mulis, und nicht so lange im warmen Stall bleiben dürften. Und so verordnete man der Kompagnie einen Ausmarsch.

Das Kommando über die lustlos durch die Landschaft trottende Einheit hatte ein Oberfeldwebel, der durch sein permanentes Geschrei schon mehrmals unseren Unmut erregt hatte. Irgendwie waren wir ja an Geschrei gewöhnt – es wurde beim Militär erst leiser, wenn man sich der Front näherte – und vorne verstummte das Kasernenhofgeplärr. Aber dieser Mann strapazierte unsere Nerven. Mein Nachbar auf dem Turnsaalboden, ein junger Student der Geschichte des Altertums, meinte zu diesem Oberfeldwebel, er sei der letzte Nachkomme des ägyptischen Pharaos A-soa-tep. Ich habe mir diese selten-geistvolle Qualifikation gemerkt.

So bogen wir in eine lange Pappelallee, die durch ein Wiesental führte, links und rechts gesäumt von herbstlichen Wäldern. Es war ein friedliches Ambiente.

Da kam unser Herr Oberfeldwebel auf die Idee, dass der müde Haufen zwecks Auffrischung soldatischen Geistes und Weckung heroischer Einstellung singen sollte. An sich war das ein völlig abwegiger Gedanke. Wiedergenesene Verwundete, die zurück an die Front sollen, haben keinerlei Sehnsucht nach zackigen Marschliedern. Die forschen Gesänge, mit denen man Rekruten beglückt hatte, üben keine Faszination mehr aus. Aber unser Stratege dachte anders. Er brüllte: „Singen – ein Lied!" Mit diesem Ruf pflegte man in der deutschen Wehrmacht die Muse zu wecken. Aber aus den

Reihen kam kein Liedvorschlag. Da ergriff der Oberfeldwebel die Initiative und schrie:

„Die Mühle!"

Dieses Gebrüll passte eigentlich gar nicht zu der stillen Mühle im Schwarzwäldertal, die da leise vor sich hin klappert. Aber unser Stratege träumte eben von einer kraftvoll ausschreitenden Eliteeinheit mit über Wiese und Wald schallendem deutschen Männerchor. Und so zählte er im Marschtritt ein:

„Drei ... Vier ... !"

Aber der Einsatz der Krieger war kläglich. Nach einem lustlosen Krächzen vorne verebbte der Gesang in den rückwärtigen Reihen völlig. Das Mühlrad kam nicht ins Laufen.

Der Oberfeldwebel ließ halten, brüllte irgendetwas von „lahmer Haufen" und „auf Trab bringen" und „Feuer unter dem Hintern machen" und erging sich in massiven Drohungen. Dann ließ er wieder marschieren. Kaum hatten wir Tritt gefasst, ertönte wieder das energische „Drei, Vier!". Und wieder ging alles ins Kraut.

Das brachte nun den stimmgewaltigen Chef in Wut. Er witterte Befehlsverweigerung und Meuterei und schrie außer sich:

„Kompagnie haaalt! – Die ganze Kompagnie – auf die Bäume!!"

Wir waren zwar Gebirgsjäger, aber nicht fürs Klettern auf die Bäume ausgebildet. Aber Befehl ist Befehl. Die Kompagnie bestieg die Pappeln. Auf meiner Pappel waren wir unser drei. Es war ein ungewohnter, eindrucksvoller Anblick. Man kommt sich als Soldat ja öfters wie ein Affe vor, aber hier wurde der Rückzug auf die Ursprünge der Evolution besonders deutlich.

Der große Musikpädagoge stand mit rotem Kopf allein auf der Straße, stemmte die Fäuste in die Hüften und schrie: „Die Mühle! Drei, Vier!"

Aber in dieser Situation hätte nicht einmal ein geschulter Opernchor einen harmonischen Gesang geschafft. Der Erfolg war dementsprechend. Aus den Bäumen plätscherte Gelächter herunter, aber die Mühle klapperte nicht.

Wir mussten wieder in Marschformation antreten. Und mit der alle Schwierigkeiten und Widerstände durchbrechenden Konsequenz und kasernenhoferprobter Führungsstärke probierte er es tatsächlich noch einmal. Und wieder ging es daneben, weil wir nicht wollten. Nach dem Baumausflug schon gar nicht mehr.

Und nun verließ ihn buchstäblich der Verstand. Er wies mit der Hand auf das Gelände zur Rechten und schrie:

„Der ganze Haufen – Richtung Wald – marsch, marsch!!"

Und das war ein Fehler. „Marsch, marsch" heißt „laufen". Der Oberfeldwebel hatte nicht bedacht, wie blitzgeschwind und wortgetreu kampferprobte, alte Soldaten Befehle ausführen. Wir fegten über die Wiesen, übersprangen kleine Gräben, hasteten wie beim Sturmangriff durch Sträucher, bis uns der Wald umfing. Weit hinten auf der Straße stand der Feldherr ohne Truppe, fuchtelte wie wild mit den Armen und brüllte wahrscheinlich etwas, das wir nicht mehr hörten. Er hatte „Richtung Wald" befohlen – und wir waren nun im Wald, der uns mit seinen herbstbunten Kronen bedeckte und von Gelächter widerhallte.

Wir waren auf den Waldwegen gemütlich heimwärts gezogen. Einige sind eingekehrt. Aber beim Dienstappell am Abend waren alle wieder da. Keiner ist desertiert.

Und es ist nichts passiert. Der Oberfeldwebel, der den herben Verlust einer ganzen Kompagnie melden musste, verschwand. Vielleicht wurde er als Musikpädagoge in eine größere Garnison versetzt. Aber die Baumchoreinlage hätte ihm auch anderorts in der deutschen Wehrmacht

Schwierigkeiten gebracht. Und der dumme Laufbefehl in den Wald ebenso.

Viele Jahrzehnte später bin ich wieder nach Fürth gekommen, zu Einkehrtagen für die Pfarrgemeinde. Auf der Fahrt vom Nürnberger Hauptbahnhof nach Fürth habe ich meine Gastgeber gefragt: „Ich bin im Krieg in Fürth gewesen, in einem Gymnasium, nahe einer Bahnunterführung ...?" Sie sagten: „Das ist das einzige Haus, das von den Bomben verschont blieb. Es steht noch. Wir fahren gleich vorbei ..." Da stand es tatsächlich in seiner Vorkriegsarchitektur. Ich glaube, ich habe sogar das Dach der Turnhalle gesehen. Und als ich mein Erlebnis zum Besten gab, sagte man mir: „Die Allee existiert auch noch!" Aber ich habe sie nicht aufgesucht.

Etwas später musste ich Exerzitien im Schwarzwald halten in einer wunderbaren Waldgegend. Irgendwo, habe ich mir gedacht, wird die Mühle in einem Tal noch leise vor sich hin klappern. Wenn ich sie sehen könnte, würde ich mich entschuldigen. Aber im Krieg kommt eben vieles unter die Räder. In diesem Falle ein kleines, unschuldiges Volkslied.

Der Tausender

Wie ich mein Amt meinem guten Nachfolger übergeben durfte, habe ich mir fest vorgenommen, niemals einem anderen in die Amtsführung dreinzureden. Es ist immer gut, wenn neue Akzente gesetzt werden und da und dort ein anderer Stil gepflegt wird. Mein Vorgänger hat es mit mir auch so gehalten. Aber eines Tages wurde ich nach Aktivitäten gefragt, die ich im Rückblick als Bischof für die Wichtigsten hielte und da war für mich eine Tätigkeit im Vordergrund, auf die ich bei einem Neuanfang nicht verzichten würde.

Ich habe bei den Visitationen der Pfarreien zusammen mit dem Seelsorger alle Kranken und Alten besucht, die nicht in die Kirche gehen konnten und die diesen Besuch wünschten. Es sind viele Hunderte geworden. Und von allen Tätigkeiten, die man als Bischof ausüben muss, wäre dies eine der letzten, die ich aufgäbe. Nicht weil ich mir einbilde, dass dieser Besuch für die Betreffenden so viel bedeutet hätte. Nein, ich bin in diesen Schattenecken des Lebens zunächst einmal der herben Wirklichkeit begegnet, die in den Weihrauchwolken von Pontifikalämtern manchmal ebenso ausgesperrt ist wie in den Papierstößen von Statistiken und der tagelangen Konferenzen.

Und da war etwas Unvergessliches: Mir ist in Krankenbetten so oft menschliche Größe begegnet, dass ich als Getrösteter weggegangen bin, obwohl ich mit der Absicht zu trösten gekommen war. Und die folgende bewegende Erinnerung stammt aus einem dieser Besuche.

Es war in einem Seitental Tirols, ganz hinten, von wo man auf die Alm nur mehr eine Stunde geht.

Berghof im Ötztal

Heutzutage hat sich das Schicksal der Bergbauern im Ganzen sicher zum Besseren gewandt. Die moderne Technik hat die Arbeit erleichtert, auch wenn keiner damit reich wird. Aber es gibt Motormäher und Seilaufzug, Wirtschaftsweg und Stromleitung, Traktor und Auto. Das alles hat die Schwerstarbeit an den Talhängen entlastet. Weil ich schon als Kind das Leben des Bergbauern auf 1450 m Seehöhe kennengelernt habe, ist bei mir gegenüber der romantischen Betrachtung dieser Lebenswelt ein Vorbehalt geblieben. Altersbraune Holzhäuser mit kleinen Fenstern, vor denen die Fotoapparate klicken und die Gäste „Ach, wie reizend!" rufen und die Städel mit den uralten Balken, mit denen sie heute in Hotelbars unverfälschtes Volkstum und tirolische Identität vorgaukeln, das alles ruft bei mir zwiespältige Empfindungen hervor. Während staunende Touristen nur Heuduft und gesundes Leben wittern, muss ich an Männer und Frauen denken, die sich beim Heutragen und Fuderabladen das Kreuz ruiniert haben und mit 50 Jahren zusammengeschunden waren. Ich habe diese Welt, die sich in Fotobüchern und Tourismusprospekten so gut macht, auch von der anderen Seite erlebt. Es war eine Welt, in der das Wort „Urlaub" ein Fremdwort war. Es war eine Welt, die diese Menschen sehr geformt hat. Bei meinem Besuch im hinteren Seitental bin ich auf diese Welt gestoßen.

Es war ein kleiner Hof am Hang, der seine majestätische Lage mit jahrhundertealter Mühsal erkauft hat. Aber er war bereits mit Auto erreichbar. Der Pfarrer hatte mir gesagt, dass der Altbauer schon lange krank sei und nicht mehr aus dem Bett komme.

Ich bin also zum Hof gekommen und mit der Herzlichkeit begrüßt worden, die im einfachen Leben wächst und die man in der Rezeption des Vier-Sterne-Hotels mühsam imitiert und doch nicht ganz herbringt.

Der alte Bauer lag in einer kleinen, niederen Stube, zusammengekrümmt und schwer atmend. Er war sicher mit Liebe und Geduld betreut, aber die unzähligen Erleichterungen, die ich kurz vorher in einem Sanatorium selbst genossen hatte, gab es hier eben nicht. Wir waren dann allein und haben miteinander geredet. Der Rosenkranz, der auf dem Nachtkastl lag, machte einen sehr gebrauchten Eindruck. Im Gesicht des alten Mannes war so etwas wie eine stille Gelassenheit und keine Spur von Verbitterung. Als ich ihm den Segen gegeben hatte, nestelte er mit seiner Hand unter dem Kopfpolster, zog eine Tausendschillingnote hervor, gab sie mir mit zittriger Hand und sagte: „Das ist für die, denen es schlechter geht als mir …"

Tausend Schilling waren damals für einen kleinen Bergbauern ein großes Geld. Beinahe hätte ich die Annahme verweigert. Aber das hätte ihn nur verletzt.

Aber wenn ich an diese unvergessliche Begegnung zurückdenke – das war ein wunderbares Blühen im härtesten Gneis der Heimat, und an einer Stelle, die so ausgesetzt ist, dass man schwer hinklettern kann.

Pietät

Wenn ich in diesen Tagen im Fernsehen Heldengedenken in Österreich gesehen habe, in denen man mit großem Pathos so nach der Melodie „Ewig währt der Toten Tatenruhm" und gleichzeitig mit dem Unterton: „1945 ging das große Reich unter und es begann die Zeit der Knechtschaft" – dann muss ich aufpassen, dass ich bei solchem Tamtam nicht die priesterliche Milde verliere. Immerhin war ich viereinhalb Jahre in einer Kampfkompanie.

Da passte es gut, als ich durch einen reinen Zufall das Fernsehgerät einschaltete und auf irgendeinen deutschen Sender stieß. Weil es Naturaufnahmen waren, wie ich sie liebe, mit ruhigem Kameraschwenk über weite Landschaften, bin ich dabei geblieben. Es waren Bilder aus Nordrussland. Auch wenn mir die Gegend nur aus dem Winter vertraut war, wo alles in namenloser Kälte erstarrt war – und der Film das Land im Sommer zeigte –, für mich liegt über dieser Weltgegend immer so etwas wie ein Hauch von Schwermut, wie sie auch durch russische Musik und russische Literatur zieht. Aber die Bilder, die da am Fernsehschirm vorbeizogen, waren schön.

Plötzlich tauchte in der Sendung eine russische Dorfkirche auf. Und unwillkürlich weckte der Anblick in mir eine ferne Erinnerung. Allerdings sind sich unzählige russische Dorfkirchen ähnlich – mit den Kuppeldächern und dem Glockenturm. Aber dann erfasste die Kamera eine Brücke vor der Kirche. Jetzt wurde die Erinnerung deutlicher. Auf dieser damals winterlich verschneiten Brücke haben wir uns niederwerfen müssen, weil Bomben fielen.

Der Film ging weiter und schilderte die Arbeit junger Russen, die ihre Freizeit dafür hergaben, in den riesigen Wäldern die noch immer herumliegenden Reste gefallener Soldaten zu sammeln und dann würdig zu bestatten. Ein orthodoxer Priester segnete die Gräber. Man richtete die bei uns üblichen Kreuze auf und Andreaskreuze, wenn es sich um russische Soldaten handelte.

Ich war sehr bewegt von diesen jungen Menschen. Seit Jahrzehnten lagen die Gefallenen in den riesigen Wäldern. Das kommunistische Russland hatte ja etwas für heroische Denkmäler übrig gehabt, auf denen Soldaten mit wehenden Fahnen in heldischen Posen vorwärtsstürmen. Aber diese hier gezeigte schlichte Pietät, die dem einzelnen vergessenen, unbekannten Opfer galt und ihm sozusagen posthum eine verweigerte Würde wiedergeben wollte – das war nicht nach den Intentionen Stalins. Da war nach der Wende in Russland doch etwas anderes aufgebrochen, was tief in der Seele dieses Volkes schlummerte und nur ideologisch übertüncht war – eine warme Menschlichkeit!

Ich habe diese unbekannten jungen Menschen bewundert. Denn – abgesehen davon, dass das Einsammeln vermodernder Gebeine nicht gerade ein ästhetisch anregendes Hobby ist – ist es ja auch nicht ungefährlich. In diesen Wäldern liegen ja noch immer die Spuren des Krieges herum – verrostete Stahlhelme russischer und deutscher Herkunft, Seitengewehre, verrottetes Lederzeug, Patronengurte, Ausrüstungsgegenstände, Handgranaten und da und dort sicher ein Blindgänger. Die idealistischen Helfer mussten sicher vorsichtig sein.

Die Kamera zeigte immer wieder einzelne Fundstücke, die bei mir die Erinnerung an das Grauen aufsteigen ließen und den Gedanken an verdrängte menschliche Tragödien.

Auf einmal wurde unter verschiedenen Relikten ein kleines Metallplättchen gezeigt (die Soldaten nannten es die „Hundsmarke"), auf der die Blutgruppe und die Einheit des Trägers vermerkt waren. Es war nur einen Augenblick sichtbar – aber ich habe die Nummer meines Regiments erkannt. Der Bericht kreiste also wirklich um die Wälder westlich von Demjansk. Die Erinnerung an die kleine Dorfkirche und die Brücke hatte mich nicht getäuscht. Es muss der Fluss Lowat gewesen sein.

Nein, ich will nicht bei dem verweilen, was sich dort abgespielt hat. Ich richte meine Aufmerksamkeit auf diese jungen Studenten, Schüler und Arbeiter, die da an den Resten des Grauens nach Jahrzehnten der Gleichgültigkeit eine Geste der Pietät setzten, eine Rehabilitierung verräumter Menschenwürde an den sinnlos Erschlagenen des Krieges. Dass es so etwas überhaupt noch gibt! Es ist wie ein sanfter Frühlingswind über erstarrten Winterwäldern. Da bergen sie die armseligen Reste in Gräbern, errichten Kreuze, halten mit dem Popen ein kurzes Gedenken. Und rücken auf diese Weise dem allerschlimmsten Müllproblem der Weltgeschichte zu Leibe, das die Menschenwegwerfepoche hinterlassen hat.

Ich muss gestehen, dass mich die vielerorts erhaltenen Heldengedenkstätten mit dem verlogenen Pathos vorwärtsstürmender Soldaten mit wehenden Fahnen, gezogenem Säbel und verbissenen Gesichtern nie beeindruckt haben. Über diese Art von Heldenverehrung haben wir schon als Frontsoldaten gespottet. Aber die echte Pietät ist eine schöne Blume der Menschlichkeit.

Vielleicht könnte ein Kritiker der Meinung sein, dass diese posthumen Aktionen nur eine gutgemeinte, aber wirkungslose und zu spät gekommene Geste der Humanität seien. Ich glaube nicht, dass man das als bloße Gefühlsduselei abtun kann, die nichts mehr ungeschehen macht. In der echten Pietät gegenüber Kriegstoten liegt immer so etwas wie eine Neuentdeckung der Menschenwürde und ein Erwachen von Friedenswillen, ein Auslöschen von Fronten, nicht nur im Einebnen von Schützengräben und Bombentrichtern, sondern in den Herzen. Da werden die Stacheldrähte von Vorurteilen weggeräumt und die Hindernisse nationalistischer Engstirnigkeit – und es kommt zu einem Händereichen über Grenzen. Hasser üben keine Pietät!

Auch das Begräbnis von Golgotha war viel mehr als eine hilflose emotionale, bedauernde Geste. Für die Akteure, den reichen Grabbesitzer wie den Schriftgelehrten, war es ein Bekenntnis, eine energische Neuorientierung mit gesellschaftlichen Folgen. Die Szene der letzten Station des Kreuzweges, der Grablegung Jesu, ist nicht nur ein milder, nostalgischer Nachklang, sondern ein Aufbruch in Besinnung und Glaube.

Und das gilt auch für die bescheidenen Akteure in den russischen Wäldern. Und weil in der echten Pietät immer schon die Friedensglocken läuten, bin ich dem Schwarzen Kreuz für seine Aktivitäten dankbar. Und wenn unsere Jungschützen um Allerheiligen vor den Friedhofstoren stehen und für das Schwarze Kreuz sammeln, gebe ich gern.

Lichtspiele

Der Fortschritt in unserem Fremdenverkehr –
ihr habt ja davon keine Ahnung –
der Fortschritt in unserem Fremdenverkehr
hat wahrhaft Großes in Planung.

Bei Nacht stehn die Berge über der Stadt
so unattraktiv seit ewig.
Was nützen die Lichter der Bergstation –
die Funzeln sind mehr als schäbig.

Für diese vergessene tote Welt
plant man mit kundiger Führung
und höchster technischer Präzision
eine prächtige Illuminierung.

Beim Brandjoch beginnt es feuerrot.
(Der Steinbock in steilen Rinnen
senkt seine Hörner und schüttelt den Kopf
und denkt sich: Da unten – die spinnen ...)

Für die Frau Hitt, von der man sich ja
so Unangenehmes erzählt,
für die Frau Hitt, die stolze Person,
wird eisiges Blau gewählt.

Und über den langen Sattel hin
wird dann der Ton etwas süß.

Den Kemmacher und die Seegrubenspitz
umkleidet ein zartes Türkis.

Ein Sonderfall ist die Höttinger Alm:
Sie wird in Lila getaucht.
Weil man zur Finanzierung ja auch
globale Sponsoren braucht.

Für das Milka-Schoko-Management
lohnt sich das Geld und die Mühe.
Sie haben dann für ihren Werbefilm
einen Hang voller lila Kühe.

Darum stimmt das Milka-Management
dem Plane begeistert zu.
Denn eine Herde kriegen sie nie,
sie kriegen sonst nur eine Kuh.

Die Seegrube ist in Orange geplant,
weil das den Schotter belebt.
Die Pisten darunter Zitronengelb,
das über den Bergwäldern schwebt.

Sie sehen, die Planung berücksichtigt ja
die Landschaftsstruktur ausführlich.
Der Bergwald wird in Giftgrün getaucht,
denn Giftgrün ist so natürlich.

Das Hafelekar muss der Glanzpunkt sein,
da zahlen wir jeden Preis.
Die Werbung im Tal wünscht das Hafelekar
partout sich in blendendem Weiß.

Fahnen vor dem Innsbrucker Kongresshaus
mit Blick auf die Nordkette

Ist dieser genial-bengalische Gag
uns so wie erwartet geglückt,
dann fahren die Gäste am nächsten Tag
aufs Hafelekar wie verrückt.

Die restliche Kette wird dunkler getönt,
doch bleibt man auch hierin noch kühn:
Die Gleirschspitze denkt man sich zartgestreift
in blauviolett-karmesin.

Und zum Abschluss hinüber zur Rumerspitz
einen lachsroten Schein, einen fahlen.
(Die Frage ist nur noch nicht geklärt,
ob die Rumer den Blödsinn bezahlen ...)

Für Bauten und Technik und Infrastruktur
ist dann eine Firma da.
Das alles erledigt uns prompt und seriös
die Mega-Kitsch-Ges.m.b.H.

Und der Mond? – Der Vollmond schaut sich das an
und sagt dann zu sich: Na schön,
meinen Silberglanz braucht Tirol nicht mehr –
da kann ich ja untergehn.

Der Antiheld

Als wir als junge Menschen im Herbst 1939 ins Priesterseminar kamen, waren wir von einer ganz eigenartigen Mentalität geprägt, die heute schwer zu beschreiben ist. Es war ein gutes Stück Überschwang und Unreife dabei, aber auf der anderen Seite war die Situation mit Verfolgung, Unmenschlichkeit und Krieg so trist, dass wir vielleicht solche Impulse zum Überleben gebraucht haben.

Auf der einen Seite waren wir „jugendbewegt". Diese ausrollende Woge der Romantik mit Wandervogelsehnsucht, Lagerfeuer, Kluft und Wimpel, Berg und Banner, Lied und Laute, mit einer Sensibilität für alles Hehre und Heilige hatte die katholischen Jugendgruppen geprägt. Die Hitlerjugend hatte mit einem falschen Zungenschlag und verworrener ideologisch-politisch-rassistischer Propaganda einige Formen der Jugendbewegung übernommen. Dorthin gab es für uns keine Brücken. Ich muss aber zugeben, dass auch in der christlichen Jugendbewegung ein Stück Vitalismus steckte, das nicht immer getauft war. Wir pflegten zweifellos eine gewisse Überheblichkeit gegenüber Spießern und Alten, Gestrigen und Harmlosen. Wir sangen mit tiefster Überzeugung: „Mit uns zieht die neue Zeit …"

Und zum Zweiten waren wir kämpferisch. Sowohl in der Schule wie im Reichsarbeitsdienst hatte uns der Wind ins Gesicht geblasen. Die Übermacht der Öffentlichkeit und des totalitären Staates war gegen uns. Wir wussten uns in Konfrontation mit einem gnadenlosen System. Und darum hatten wir nichts übrig für Schwächlinge und solche, die wir für Schwächlinge hielten.

Der große Kardinal Galen hatte das Bild von Hammer und Amboss gebraucht: „Wir sind der Amboss – und die anderen sind die Hämmer. Aber der Amboss hält viel länger aus als der Hammer.“

Das gefiel uns. Und wir sangen von Fahnen und Trommeln und Sturmwind und Standhalten, und meinten damit den Widerstand gegen die braune Flut, über deren Brutalität wir uns keine Illusionen machten. Vielleicht haben wir auch diese emotionale Welle gebraucht, um die Zeit zu überstehen. Aber es war schon auch ein wenig heroische Pose dabei, mit einer Verachtung für das Stille, Geduckte, Unscheinbare, – harmlos – Fromme. So war die Zeit, und so waren wir, wenn ich versuche, das Damals ohne Verklärung zu betrachten.

Und da kam also in unser Priesterseminar, das zwischen der Drohung der Aufhebung durch die Gestapo und den ständig eintreffenden Einberufungen zum Soldatendienst lebte, ein stiller, in sich gekehrter, immer freundlicher Theologe. Die Jugendbewegung, die eine Welle der Städte war, hatte seinen heimatlichen Berghof im Bregenzerwald sicher nicht erreicht. Da gab es weder Lagerfeuer noch Kampfgesänge, sondern die Arbeit in Hof, Äcker und Almen und die Sorge um Heu und Vieh und Erdäpfelernte. Wir hielten unseren neuen Kollegen für einen liebenswerten, aber sanften Mann, der nicht ganz das Profil für eine Zeit hatte, wie sie war und uns bevorstand. Wir haben das nicht ausgesprochen, aber gefühlt. Wir hatten in den Nebeln jener Zeit etwas kantigere Vorstellungen von Persönlichkeit.

Bald schwirrten die Einberufungen zur Wehrmacht ins Haus und rissen uns alle auseinander.

In den winterlichen Wäldern Nordrusslands habe ich unseren Freund wieder getroffen. Ich lag halb erfroren in mei-

nem Schützengraben und in der Luft war sehr viel Blei. Und von überall her ertönte der Ruf „Sani“ (Sanitäter). Walter war Sanitäter. Immer wieder hastete er mit seinem kleinen Schlitten nach vorne, um Verbände gegen das Verbluten anzulegen und Verwundete aus der Kampflinie zu holen. Er tat es schon zwei Tage und zwei Nächte hintereinander. Als er wieder einmal mit einem Verwundeten im Akja an meinem Schützenloch vorbeikam, hielt er einen Augenblick keuchend inne. Er trug wie wir alle den weißen Tarnanzug, aber seiner war vom Blut der Verwundeten braunrot. Er hat mich noch ein bisschen angelacht und gesagt: „Weißt du, dass heute Gründonnerstag ist?“ Dann hat er sich weiter durch die Maschinengewehr-Garben mit seinem Schwerverwundeten zurückgewühlt. Er hat es noch zwei Tage und Nächte weiter getan. Am Ostersonntag um neun Uhr, wie in seinem Heimatdorf die Glocken zum Festgottesdienst geläutet haben, ist er mit einem Herzschuss gefallen. Man hat damals keine Grabreden gehalten, und für einen Gefreiten, der noch dazu ein Theologiestudent war, schon gar nicht. Aber von ihm hat der Kommandeur des aufgeriebenen Bataillons gesagt, dass er der Tapferste von allen war. Und ich weiß niemanden, auf dessen Grab in den trostlosen Wäldern Nordrusslands der Spruch besser passen würde: „Es hat niemand eine größere Liebe, als wer sein Leben hingibt für seine Freunde …“

Und dabei war er ein geborener Friedensmensch, ein stiller Unscheinbarer und ein Soldat ohne jedes militärische Interesse, ein Gegner des Naziregimes und damit ein „Antiheld“. Aber es gibt eben keine Situation, in der die Liebe nicht eine Chance hätte.

Die merkwürdigste Prüfung

Wenn man in Innsbruck das Doktorat der Theologie erwerben wollte, musste man alle Prüfungen der Exegese aus dem griechischen und hebräischen Urtext ablegen, und zwar ohne Übersetzung. Außerdem gab es da die Bestimmung, dass man noch dazu eine Prüfung aus Arabisch und Syrisch ablegen musste.

Syrische Texte haben zwar, wie alle semitischen Sprachen, ein wunderbares Schriftbild, aber das Lesen und Übersetzen ist etwas mühsam. Ich habe mich keineswegs als Experte gefühlt, als ich mich zum Kolloquium aus Syrisch anmeldete.

Ich ging in das Jesuitenkolleg und fragte nach dem zuständigen Universitätsprofessor, bei dem ich den Termin hatte. Man sagte mir, der sprachgewaltige Professor für neutestamentliche Exegese, Dr. Paul Gächter, sei droben am Dachboden und sortiere Bücher.

Man muss wissen, dass das nationalsozialistische Regime in Tirol in seiner kulturellen Barbarei die Bibliotheken der Fakultät und der Klöster lastwagenweise im Kloster Stams abgeliefert hatte. Dort wurden die unersetzbaren Schätze der Wissenschaft einfach in großen Haufen wie Kohlen und Müll gelagert. Nach dem Krieg wurden sie – mit großen Schäden – zurückgeführt, und so lagerten im Dachboden des Jesuitenkollegs Berge von unsortierten Büchern.

Ich betrat den Dachboden mit gemischten Gefühlen. Ich war mir meiner Defizite im Syrischen bewusst. Das wurde nun die eigenartigste Prüfung, die ich je abgelegt habe. Auf einem großen Bücherberg saß der Gelehrte, der Professor, ein gebürtiger Schweizer mit großer internationaler Erfahrung

Sonnenaufgang über Innsbruck;
hinten in der Mitte die Jesuitenkirche

und einem umfassenden philologischen Wissen und einer erfrischenden alemannischen Nüchternheit. Es saß auf der Spitze des Bücherberges und nahm eine erste grobe Sortierung der Bücher vor. Dabei ergriff er die einzelnen Werke, taxierte sie nach ihrem Fachbereich und schleuderte sie dann in eine bestimmte Richtung. So entstanden rings um seinen hohen Bücherberg weitere Mittelgebirge der verschiedenen Disziplinen wie Dogmatik, Fundamentaltheologie, Philosophie, Rhetorik usw. Ich meldete mich zaghaft: „Herr Professor, ich bin zum Kolloquium aus Syrisch bestellt …“ Er blickte zu mir herunter und sagte: „Sie müssen entschuldigen, die Sache hier ist dringend“, und schleuderte einen Folianten mit den Worten „Das gehört dem Schlagenhaufen“ in die Richtung Fundamentaltheologie. Schlagenhaufen war kein Bücherhaufen, sondern der Name des Professors für Fundamentaltheologie.

Dazu muss ich noch Folgendes ergänzen:
Für meine Doktorarbeit erhielt ich das Thema „Die persönliche Weisheit in den Proverbien“ (Proverbien = „Sprüche Salomons“). Wie mir der Professor diesen Forschungsauftrag zuwies, konnte ich nicht ahnen, was ich mir mit der Betrachtung der Weisheit des Alten Testaments an Einsichten und Tiefenblicken auftun sollte. Die Vorstellung der Weisheit umfasst Erfahrungen des menschlichen Alltages und durchmisst die Weiten der Schöpfung und des Ewigen. Sie ist menschliches Bemühen und Gottes Geschenk. Für mich wahrlich ein Geschenk.

Rudolfs Klage

Rudolf der Vierte am Boznerplatz
hält seinen Kopf etwas schief.
Ich weiß genau, warum er das tut:
Er ist etwas depressiv.

Rudolf der Vierte von Österreich
hat dazu auch allen Grund.
Er hat es mir einmal heimlich geklagt
in einer nächtlichen Stund.

„Ich hab doch vor 650 Jahr –
die Sache lief wie geschmiert –
die Stadt und das Volk und das Land Tirol
für Habsburg erfolgreich kassiert.

Und jetzt steh ich einsam auf diesem Platz
und mache mir meine Gedanken –
und die Zeit vergeht und es wächst die Stadt
und es wachsen vor allem die Banken.

Und keiner da unten denkt jemals an mich,
ich bin isoliert und allein.
Nur manchmal kommt ein winziger Hund
und hebt an der Stufe ein Bein.

Sie haben den Boden unter mir –
und dieses schmerzt mich ja so –

Rudolfsstatue von Johann Grissemann (1877)
am Innsbrucker Boznerplatz (Foto Anton Prock)

mit Baggern zerwühlt und ausbetoniert
für ein stark frequentiertes Klo.

Wo hat man, so frag ich, im Abendland
oder irgendwo in der Welt,
einen Herzog von allerhöchstem Geblüt
auf so eine Basis gestellt?

So ist es da unten. Von oben her –
auch das sollt ihr alle wissen –
werd ich nun schon 130 Jahr'
von Innsbrucks Tauben beschissen ..."

Das hat Herzog Rudolf vom Boznerplatz
mir erzählt, als die ganze Stadt schlief.
Und darum ist er so stumm und enttäuscht
und leider sehr depressiv.

Der letzte Bauernaufstand

Im Jahre 1939 bin ich durch Zufall oder Fügung in eine Berufsgruppe hineingeraten, die es heute in dieser Form nicht mehr gibt. Aber durch Jahrhunderte hat ein Großteil aller Tiroler ihr angehört, manchmal bis zur Hälfte der bäuerlichen Bevölkerung. Eine besondere Aufmerksamkeit hat dieser Stand nie erhalten. Er bewegte sich immer im Schlagschatten der sozialen Bedeutungslosigkeit. Rückblickend hat man ja die dunkleren Seiten der „guten alten Zeit" sehr gerne mit dem besänftigenden Zauber der Nostalgie und mit patriotischen Erhabenheitsgefühlen zugedeckt.

Ich meine die Knechte und die Mägde.

Es war in unserem Tirolerland die Lebensform von vielen Tausenden. Manchmal mag ihr Schicksal durch echte Menschlichkeit der besitzenden Arbeitgeber gemildert worden sein. In vielen Fällen war es aber ein Leben ohne Perspektive. Man war bei äußerst bescheidenem Lohn in den Kammern der Knechte und Mägde untergebracht. Heiraten war unter diesen Umständen kaum möglich. Die dann vorhandenen ledigen Kinder hatten so wie ihre Mütter ein schweres Schicksal. Wie ich als Bischof in den Dörfern und Gemeinden die alten und kranken Leute besucht habe, bin ich immer wieder auf solche Schicksale gestoßen, die alles andere als ein Ruhmesblatt für ein christliches Land darstellten. Im älteren Tiroler Volksliedgut gibt es eine Reihe von Spottliedern über diese Habenichtse, die als höchstes Lebensziel den Stand des Kleinhäuslers vor sich hatten. Ich danke Gott, dass es diesen Stand heute in unserem Land kaum mehr gibt. Ein Landarbeiter unserer Tage ist etwas ganz anderes. Da gibt es

Standesvertretung und soziale Gesetze, Krankenversicherung und fachliche Ausbildung. Und wo die Gesetze umgangen werden, drohen saftige Strafen.

Ich bin noch einmal mit der Lebenswirklichkeit der Knechte und Mägde konfrontiert worden – und ich bereue diese beiden Monate Ernteeinsatz im Rahmen des Reichsarbeitsdienstes nicht … Sie sind *ein* Grund für meine Zurückhaltung gegenüber der „guten alten Zeit". Ich war Arbeitsmann im RAD (Reichsarbeitsdienst), ein auf Schliff und Schinderei basierendes Unternehmen, dem man damals den stolzen Titel „Schule der Nation" gab. Das Erziehungsziel war so umschrieben: „Flink wie die Windhunde, zäh wie Leder, hart wie Kruppstahl".

Ich wurde also aus dem Lager zum Erntedienst abgestellt, was man zunächst mit einer gewissen Erleichterung zur Kenntnis nahm, weil man damit dem unerträglichen Drill etwas auszukommen hoffte. Mein Arbeitsplatz, dem ich zugewiesen wurde, war ein Gasthaus mit großer Landwirtschaft. Es gab dort drei Knechte und eine Dirn – und sie waren alle dienstverpflichtet. Der Besitzer trug das Parteiabzeichen. Vielleicht bekam er deshalb mich als billige Verstärkung dazu (mein Tagesverdienst war 25 Pfennig – eine Semmel und ein Päckchen Brausepulver im Wert).

Es war die Zeit der Heuernte und ich hatte einen Zwölfstundentag. Um sieben Uhr abends musste ich ins Quartier der kleinen Abteilung einrücken und dort wurden wir dann noch mit einer Stunde Exerzieren beglückt.

Ich bekam neben der Heuarbeit auch den Stall zugewiesen – für die niederen Dienste wie Ausmisten und Füttern. Ich war von meinen Kinderferien her die Heuarbeit gewohnt, aber das war in Südtirol, mit lieben Menschen und dem wunderbaren

Bergheu auf 1400 m Höhe. Ich habe also beim Arbeitseinsatz in diesem Bauernhof die gleichen Arbeiten gemacht wie die Knechte. Und so habe ich diese kleine Welt im Schatten der Gesellschaft kennengelernt. Ich war damals 17 Jahre alt und sicher nicht verwöhnt, aber der hier gebotene Standard war unterklassig. Der auf die Wiese mitgegebene Most war so sauer, dass ich Magenweh bekam. Am Abend habe ich nach zwölf Stunden Arbeit nie etwas anderes bekommen als ein paar Kartoffeln und Salat.

Wie ich einmal im Zuge meiner Tätigkeit in Stall und Stadel ein illegales Nest der Hennen mit über 30 Eiern fand, habe ich natürlich die 30 Eier dem Wirt gebracht. Er hat sie kommentarlos zu sich genommen und mir kein einziges geschenkt. Ich hatte umsonst mit einem Spiegelei auf den Kartoffeln am Abend gerechnet.

Die Hennen hatten so viel Einsicht und haben noch ein zweites geheimes Eiernest im Stadel angelegt. Es enthielt etwa 20 Eier. Von denen hat der Chef kein einziges bekommen. Ich war damals noch nicht moraltheologisch gebildet, aber ich habe gefühlsmäßig doch das getroffen, was die Moraltheologen eine „berechtigte geheime Wiedergutmachung" (occulta compensatio) nennen.

So war das Klima. Knechte und Mägde wurden ausgenützt. Damals unter dem Schutz eines Systems, in dem viele Menschen praktisch rechtlos waren gegenüber den Günstlingen der Mächtigen.

Unser Großknecht, der eigentlich die Verantwortung für die ganze Landwirtschaft trug, war ein Mensch mit Charakter, mit Sachverstand und Können, und einem eher zurückhaltenden und ruhigen Wesen.

Zum Mittagessen saßen wir am Gesindetisch. Das Essen, das wir bekamen, war – gelinde gesagt – bescheiden. In den

Gaststuben schwelgten die Gäste – es war ja noch kein Krieg – aber diese Genüsse gingen an uns vorbei. Wir waren abonniert auf geröstete Reste – für das, was bei den Gasttischen übrig blieb. Sehr anregend war das nicht, aber die Köchin regierte mit souveräner Hand. Sie war eine enge Verwandte des Wirts und der Gesindetisch war natürlich nicht gerade das besondere Objekt ihrer kulinarischen Künste. Aber wir waren von der schweren Arbeit hungrig und löffelten hinein, was da kam. Besagte Köchin war eine imposante Erscheinung, wohlgenährt und raumfüllend. Da ich später viel mit kirchlicher Architektur zu tun hatte, erinnerte sie mich immer an eine große barocke Kirche mit mehreren Kuppeln und Seitenkapellen.

Eines Tages brachte sie wieder die Pfanne mit dem ominösen „Gröstl" zum Gesindetisch, stieß sie lieblos hin und wendete sich zum Gehen. Vom Gröstl ging ein intensiver Geruch aus, der verriet, dass die Bestandteile dieser Küchenproduktion eher in den Abfallkübel gehört hätten.

Und dann geschah das Unerhörte, nie Erwartete:

Der sonst so gemessen ruhige und stille Großknecht erhob sich, ergriff die Gröstlpfanne und schleuderte das ganze Gröstl der Köchin ins Kreuz. Es war großartig! Ich gestehe, dass ich heute noch eine tiefe Freude über diesen Anblick nicht unterdrücken kann. Das stinkende Gröstl verteilte sich, soweit es nicht am Boden lag, auf die rückseitige Architektur der Köchin, klebte an den Gesimsen, Rundungen und Kuppeln. Die also Attackierte entfloh schimpfend und schreiend in die Küche.

Das war der letzte Tiroler Bauernaufstand, den ich erleben durfte. In den sozialen Hintergründen hatte er durchaus Ähnlichkeit mit den Ereignissen von 1525 und 1526, aber er war natürlich harmloser als die Aktionen Michael Gaismairs. Er war jedenfalls nicht ohne Wirkung. Das Essen wurde besser.

Vor einiger Zeit bin ich in derselben Stube gesessen, diesmal als Ehrengast. Da war kein Gesindetisch mehr, sondern eine luxuriös-anheimelnd eingerichtete Extrastube eines Spitzenrestaurants. Das Haus hatte schon längst andere Besitzer. Nichts erinnert mehr an damals. Aber als ich das piekfeine Abendmenü vor mir hatte, ist wieder die Erinnerung aufgestiegen an die „gute alte Zeit".

Der Schulschwänzer

Es gab schon in der ersten Klasse Volksschule Schulschwänzer. Ein Knäblein aus einer Familie, die etwas verwahrlost war. Es hat daheim überhaupt nichts funktioniert. Es gab eine Menge Kinder, und ab einem bestimmten Alter war die Gendarmerie dort häufig zu Gast. Mein Sechsjähriger war also in der ersten Klasse, d. h. hätte er sein sollen. Er glänzte durch Abwesenheit. Ich gehe nach den zwei Stunden über die Franziskaner heim ins Paulinum – und wer begegnet mir da in einer Seitengasse? Der Schulschwänzer! Aber er zeigt keinerlei Betroffenheit und ruft mir zu: „Griaß di, Katechet! Was machsch denn du? Bisch du nit in der Schuel?"

Die Begegnung mit Alfred Rosenberg

Ein großes Glück war für mich, dass mir ein sibirischer Scharfschütze in der Schlacht am Ilmensee aus dreißig Meter Entfernung einen Schuss verpasste, der seiner Regimentsbezeichnung alle Ehre machte. Da die russische Kugel das Kaliber 7,9 hatte und der Zwischenraum zwischen Elle und Speiche bei meinem Unterarm 8 mm betrug, war es eine beachtliche Leistung an Präzision, diese Kugel so durch den Arm zu jagen, dass sie weder die Beinhaut noch den Hauptnervenstrang noch die Hauptschlagader verletzte. Man muss eine derartige Schießleistung umso mehr würdigen, als sie bei 52 Grad Kälte zustande kam. Die Ärzte am Hauptverbandsplatz haben jedenfalls behauptet, dieses Kunststück gelänge ihnen nicht, auch wenn sie hundertmal durchschössen. Ich habe immer mit großer Dankbarkeit an diesen russischen Scharfschützen zurückgedacht und hätte ihn später gerne auf einige Wochen nach Tirol eingeladen, aber der Austausch von Visitenkarten war in den Wäldern von Ramuschewo nicht möglich.

Auf diese Weise kam ich als verwundeter Held zurück in eine große Klinik in Kaunas in Litauen. Dort wurden wir gebadet und von einem unfassbaren Dreck befreit, weil an der Front alle Berührung mit Wasser wegen der Kälte verboten war. Wir wurden auch entlaust, was in meinem Fall gar nicht nötig gewesen wäre, weil ich keine Läuse hatte, aber die Läuse wurden bei dieser Gelegenheit gleichmäßig verteilt. Das war wiederum ein Glücksfall, weil mir eine Laus dann das wolhynische Fieber bescherte, eine Malariakrankheit,

Reinhold Stecher als Gefreiter nach der Verwundung 1942 in Pilsen

die meine Rückkehr zur Front um Wochen verzögerte. Es ist unglaublich, welcher Mittel sich die göttliche Vorsehung bedient.

Die riesige Universitätsklinik von Kaunas war also Kriegslazarett für etwa 3000 Verwundete. Und da eine gewisse Platznot herrschte, wurde ich mit drei anderen in den Kreißsaal verlegt. Wie ich Referatsbischof für die österreichische Frauenbewegung wurde, konnte ich den Damen sagen, dass ich für dieses Amt hervorragende Voraussetzungen besäße, da ich sicher der einzige Bischof der Welt wäre, der je in einem Kreißsaal gelegen ist.

Als ich dann in einen größeren Krankensaal kam, erhielt ich als gehfähiger Verwundeter einen – sicher gespendeten – Schlafrock aus dunkelbraunem Stoff mit roten Seidenaufschlägen an Kragen und Ärmeln. Auch dies war ein Geschenk der Vorsehung. Die Verwundeten hatten ja keine Rangabzeichen. Und wenn ich mit besagtem Schlafrock durch das Haus strich, fühlte ich immer wieder respektvolle Blicke auf mir ruhen. Man hielt mich offenbar für etwas Besseres, und so was tut einem Gefreiten wohl. Ich versuchte auch, mir mit einer Mischung von Reserviertheit und Arroganz ein Gehabe zuzulegen, das dem Schlafrock mit dem roten Futter und Seidenkragen entsprach.

Eines Tages ging die Nachricht durch das Kriegslazarett, dass hoher Besuch zu erwarten sei: Der Reichsleiter der besetzten Ostgebiete, Alfred Rosenberg, der so genannte „Philosoph des Dritten Reiches", gäbe sich die Ehre. Er hatte ein Buch geschrieben, das an sich kein Mensch las, „Der Mythos des 20. Jahrhunderts". Der Großteil des Buches war von einem verrückten Engländer namens Chamberlain abgeschrieben. Ich hatte darin einmal geschmökert. Das Werk strotzte nur so von dümmlichem Rassismus. An einer Stelle machte Rosenberg eine abfällige Bemerkung über die Tiroler. Er kommentierte den Innsbrucker Jesuitenprofessor Donat, der auch nicht wusste, wie er zu dieser Ehre kam. Rosenberg hat Donat sicher nicht im Originaltext gelesen, denn Donat hatte seine Bücher alle in Latein geschrieben, und Latein war bei den Größen des Dritten Reiches nun nicht gerade die Umgangssprache. Aber Rosenberg bemerkte zu den Ansichten Donats scharfsinnig, wie sich hier eben zeige, dass die Tiroler eine keineswegs hochwertige Rassenmischung seien.

An sich wäre uns 20 Verwundeten in dem großen Saal Rosenberg völlig wurscht gewesen. Das Dritte Reich und seine Bonzen hatten für die zum Teil Schwerverwundeten allen Glanz und alles Interesse verloren. Aber es kam anders. Bei den Beinamputierten und Lungendurchschüssen war die Zeit der „leuchtenden Augen" und siegreich gestreckten Arme vorbei. Aber plötzlich erschien der Stabsarzt und teilte uns mit vor Ehrfurcht und Aufregung bebender Stimme mit, der Herr Reichsleiter geruhte, als einzigen Saal im ganzen Krankenhaus den unseren höchstpersönlich zu besuchen. Krankenschwestern stürzten sich auf uns, überzogen die Betten, richteten die Kissen, zogen die Leintücher glatt, überprüften Verbände, ordneten Haare und machten uns so zu einer richtigen Blessiertenparadetruppe. Es fehlte nur noch der Präsentiergriff mit den Krücken, soweit sie herumlagen.

Ich war an sich der leichteste Fall im ganzen Saal mit meinem Tausendguldenarmschuss. Aber ich musste mich ins Bett legen, weil zu einer Paradekompagnie nun einmal eine einheitliche Haltung und Ausrichtung gehört.

Für mich war die Sache nun doch ein wenig dramatisch. Ich war nicht nur Tiroler, also ein verdächtiger Rassenmischling, sondern auch ein Theologiestudent, also sozusagen einer aus der Gilde des P. Donat SJ. Ich habe gewusst, dass Rosenberg einer der fanatischsten Kirchenhasser unter den führenden Köpfen war. Ich war also neugierig. An sich war man als Verwundeter irgendwo tabu (auch wenn man wie ich ein ehemaliger Gestapohäftling war).

Ich räumte also mein Nachtkästchen ab und legte nur meine kleine graue Feldbibel mit dem bunten frommen Bändchen auf das Kästchen. Ein Kreuz war auch noch vorne draufgedruckt. Schauen, wie er dreinschauen wird, der Herr Reichsleiter und Reichsminister.

Die Doppeltüre geht auf und die Wolke von Würdenträgern strömt herein. Ein Feldmarschall, zwei Generäle, ein Generalarzt, diverse Goldfasane aus Partei und SS, der Oberstabsarzt, der Stabsarzt, der Oberarzt, der Assistenzarzt ... Sie umschwärmten jedes Bett. Der zuständige Arzt gibt die detaillierten Erklärungen zu jedem Patienten ab. Und der Herr Reichsleiter geruht jeden Verletzten zu fragen: „Woher kommen Sie?“ und „Was sind Sie von Beruf?“

Das kann bei mir ja gut werden. Ich bin der Letzte von den zwanzig. Ich habe Rosenberg nicht gleichgültig entgegengesehen. Ich wusste, da war einer, hinter dem die Ermordeten der Tiroler Kirche auftauchten, die KZ-Opfer, die Minderwertigen und Behinderten, die man zur Vergasung abgeholt hatte, die Juden, die zwei Millionen politischer Gefangenen, von denen ich auch einer gewesen war. Da war jetzt einer von denen, die hinter den Propagandalügen standen, dem Elend der Gefängnisse, der Verhaftungen, der Bespitzelungen, der langsam verrinnenden Stunden in der Isolationshaft, der Verhöre, der dröhnenden Stiefel, der rasselnden Schlüssel, der Todesangst, der Rufe „Raus zum Verhör!“. Hier stand er also, der Alfred Rosenberg, einer der ideologisch Verantwortlichen.

Er kommt zu meinem Bett. Der Stabsarzt schildert die Verwundung. Aber Rosenberg hört nicht auf ihn. Er hat das Neue Testament auf meinem Nachtkästchen gesehen. Er ist irritiert. Mir fällt später der Tiroler Spruch ein: „Wie der Teufel vor dem Weihwasser“. Er schaut mich an. Es waren keine guten Augen. Ich werde sie nie vergessen. Und er sagt: „Wo sind Sie zuhause?“ Und ich sage langsam und deutlich: „In Tirol!“

Da dreht sich Rosenberg brüsk um und geht. Die zweite Frage, wie bei den anderen, hat er nicht mehr gestellt.

Russischer Bauernhof

Und dann ist der Spuk vorbei. Die goldblitzende Wolke verschwindet.

Ich habe seine Augen nie vergessen. Sie sind mir eingefallen, wie ich im Rundfunk 1946 das Urteil über Alfred Rosenberg im Nürnberger Prozess gehört habe: „Tod durch den Strang!“

Die Hochzeit in St. Quirin

Es war eine unvergessliche Hochzeitsfeier. Ein Bergsteigerpaar hatte mich um die Trauung ersucht. Sie hatten sich ein Bergkirchlein mit einer schönen Aussicht ausgesucht: St. Quirin im Sellrain. Ein Heiligtum am Steilhang und wahrscheinlich das älteste des Tals, hoch droben über dem Inntal.

Der Pfarrer sagt zu mir: „Du, ich hab' nachgeschaut. Dies ist die dritte Hochzeit seit 450 Jahren, die da droben gefeiert wird. Die dritte Hochzeit in einem halben Jahrtausend."

Die ganze Gesellschaft ist in Tracht, mit dem gotischen Kirchlein eine stilgerechte Einheit. An Details kann ich mich nicht mehr erinnern. Während der Messe sind einmal ehrfürchtig fremde Gäste ins Kirchlein hineingekommen.

Zwölf Jahre später. Ich hatte in Köln zu tun und bin mit dem Nachtzug nach Mainz gefahren. Ein Herr teilt mit mir das Gespräch. Er war offenbar in Österreich auf Urlaub. „Wo?" – „Ja, auch in Tirol!" – „Wo?" – „In Oberperfuss." – „Eine schöne Gegend." – „Wir sind von Sellrain hoch hinaufgewandert. Und da war am Berg ein sehr schönes, kleines Kirchlein." – „St. Quirin?" – „Ja, genau! Und stellen Sie sich vor, wie wir da hineingeschaut haben, war gerade eine Hochzeit. Und die waren alle in Tracht oder Berggewand. Es war sehr eindrucksvoll."

Die dritte Hochzeit in 450 Jahren.

Neulich hat mich die Österreichische Post um eine Weihnachtsmarke ersucht. Ich habe St. Quirin im Sellrain gewählt. Das Kirchlein am Steilhang mit dem fantastischen Ausblick

St. Quirin im Sellrain

über das ganze weite Inntal, das Heiligtum, das in seinem gotischen Kern das kostbare Geheimnis seit dem Mittelalter hütet. Jetzt soll es als Weihnachtsgruß an Tausende auf den Auslandsbriefen hinausgehen.

In memoriam Muck

Nachruf auf den Widumkater Muck in der Pfarre Wiesing bei Pfarrer Heinz Hundegger, vulgo „Hund"

Im Widum weint die Häuserin
sich ihre Augen rot –
die Botschaft geht durchs Unterland:
Der alte Muck ist tot!

Er war ein Kater von Format,
ein Kater alten Stils,
er gab dem Pfarrhaus jedenfalls
die Note des Idylls.

Den weichen, würdevollen Schritt,
das zärtliche Miau,
das seidendunkle Katzenfell
entbehrt der alte Bau.

Von jedem Rassenvorurteil
war der Verblichne frei.
Er blieb als Kater seinem „Hund"
ein ganzes Leben treu.

Doch dieses war sein schwacher Punkt:
Es leistete sich Muck
in mancher schönen Frühlingsnacht
so manches Schurkenstuck!

Schon während seiner Lebenszeit
ward oft die Klage laut:
Oh Muck, du stehst im Kirchendienst
und nicht bei Ibn Saud!

Doch Muck, am Kanapee gerollt,
dacht' sich: Das schert mich wenig.
Warum soll ich solider sein
als Landesfürst und König?

Mein Lebenswandel passt euch nicht?
Da kann ich nur miauen.
Ich kenne Leut von Rang und Stand
mit ziemlich vielen Frauen ...

Ich schnurr euch was – nennt ihr mich auch
nur Playboy oder Fresser!
Denn Johann Wolfgang Goethe war
bekanntlich auch nicht besser ...

So sei der Nachruf ihm vergönnt:
Er war ein großer Kater!
Es trauern tausend Muinzelen
um ihren edlen Vater.

Gierlichs und der Provinzial

Jesuitenpater Karl Josef Gierlichs, von dem dieses liebevolle Gedicht handelt, hat durch 22 Jahre während des Sommers im Sanatorium Hochrum als Krankenseelsorger ausgeholfen und war mit Bischof Stecher sehr befreundet.

Eifrig, treu und selbstvergessen
wirkt schon lang im Bistum Essen
Pater Gierlichs, Boss und Hirte
seiner Schafe, der verirrte,
wilde, zahme, brave, schlimme
lockt und ruft mit sanfter Stimme.

Doch sein Amt, das ist kein leichtes.
Darum sagt er sich: „Jetzt reicht es.
Warum soll in Julitagen
ich mich hier im Ruhrpott plagen?
Gierlichs, du bist nicht von gestern,
darum geh zu deinen Schwestern,
dass sie dich für künft'ges Streben
biologisch neu beleben.
Sag der Pfarre lebewohl
und verdufte nach Tirol!

Doch der Obere sprach: „Gierlichs,
du verlässt den Pfad, das spür ich.
Traurig blickt der edle Gründer
unsres Ordens auf den Sünder.

Denn du strebst zu sehr nach Ruhm –
denke an dein Priestertum!
Ruhmsucht, sage ich belehrend,
ist für deinen Stand verheerend.
Zwanzigmal ist Ruhm dein Ziel –
und das, Gierlichs, ist zu viel.
Wie mir scheint, bist du schon süchtig
nur nach Ruhm – das ist nicht richtig!"
Was der Provinzial nicht sah:
Gierlichs Rum ist ohne H!

Gierlichs sprach zum Provinzial:
„Nein, ich mach schon zwanzigmal
nie aszetisch eine Talfahrt,
sondern eine fromme Wallfahrt.
Denn mein Ziel ist ohne Schwindel
eben das Canisiusbründl.
Dieser heilige Ort – so heißt er –
ist ein Denkmal für den Meister.
Und da sitze ich und bete
morgens früh bis abends späte,

mit dem Blick auf Stubais Gletschern
höre ich das Brünnlein plätschern.
Ja, ein heilig Leben führ ich
auch im Urlaub – ich, dein Gierlichs!“

„Aber“, sprach der Vorgesetzte,
der sonst Gierlichs durchaus schätzte,
„ist nicht bei besagter Quelle
auch ein Wirtshaus an der Stelle?“
„Ja“, sprach Gierlichs, „das ist richtig
und für die Gesundheit wichtig.
Denn da kann ich ganz verstohlen
mich von der Diät erholen.
Sehnsuchtsvoll umfang das Bier ich.

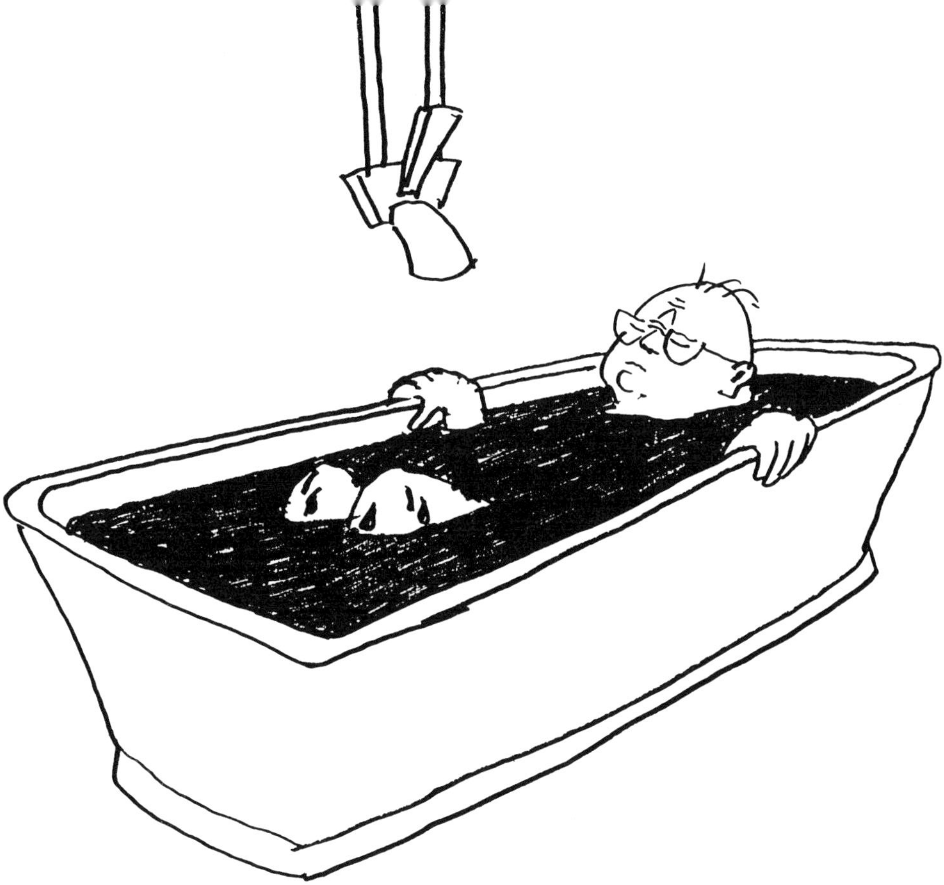

Warum sollt ich nicht?", spricht Gierlichs,
„denn Ignatius von Loyola
trank ja auch kein Coca-Cola."

„Hochverehrter Provinzial,
bitte sehr, bedenk einmal,
wie sie mich in Urlaubstagen
mit den Therapien plagen!
Immer wieder steckt man mich
in ein Moorbad – fürchterlich!
Welche Schande, welche Bürde –
schlammbedeckte Priesterwürde!

Man traktiert mich auch mit Spritzen,
mal im Liegen, mal im Sitzen.
Niemals such' ich in Hoch-Rum
Ruhm im Sanatorium.
Dort lern ich die Demut wahren
und das schon seit zwanzig Jahren."

Milde sprach der Provinzial:
„Geh, mein Sohn, auch dieses Mal.
Dieses Rum ist sicher bessa
als die Höhle von Manresa,
wo Ignatius einst verweilte

und dort seine Seele heilte.
Lass dich walken und massieren
und im Heilbad therapieren,
kehre wieder – neu beflügelt,
biologisch frisch gebügelt –
und nach deiner Kur Gelingen,
woll'n wir ein Tedeum singen!"

Frontflug über Karelien 1943

Der blaue Himmel trügt.
Die Wolken gaukeln
Friedensspiele vor.
Ihr Weiß hat keine Unschuld.
Sie sind nur Versteck
für Jäger und Gejagte.
Die Wälder und die Seen
unter mir – sie lügen alle.
Durch ihre Schönheit
schleicht der Tod zu Fuß,
durchquert die Sümpfe,
lauert in den Birken,
heult triumphierend
in der Flugbahn der Geschosse
und rastet dann
dort hinten,
rechts der Rollbahn,
auf dem Friedhof,
bei den vielen Kreuzen,
zufrieden aus.
Und er hat Grund dazu.

Verfluchter Flug,
du machst den Traum des Ikarus
zum Alptraum ...
Wenn er jetzt
zur Wende ansetzt, der Pilot –

was wendet,
und wohin?

Der blaue Himmel trügt.
Mein Gott,
was ist aus deiner Welt geworden …

„Tiroler Bischof erlaubt gemischtes Saunavergnügen ..."

Ein Teil der Tiroler Leser wird bei dieser Überschrift in der Ausgabe des „Kurier" vom 16. Mai 1981 nicht schlecht gestaunt haben. Die hier verkündete pastorale Grundlinie war mir tatsächlich selber neu.

Das in einer Tiroler Gemeinde aufgetauchte Problem der Sauna ist gar nicht so sehr die Frage der angestammten Bevölkerung. Die hat hinsichtlich der Wahrung des Intimbereiches in ihrer großen Mehrheit jene Auffassungen, die einer hierzulande gewachsenen Lebenskultur entsprechen und die auch Seelsorger und Bischof vertreten. Es handelt sich vielmehr um eines jener Probleme, die aus der eifrigen Rücksicht und Konzessionsbereitschaft gegenüber

dem Fremdenverkehr entstehen, der nun einmal in jenem Tal das Rückgrat der Wirtschaft ist. In der Situation unserer Gesellschaft ergibt sich für die Kirche, dass sie vieles fördern, einiges bekämpfen und manches übersehen muss. Hie und da kann sie ihre Grundsätze in der Öffentlichkeit nur schwer durchsetzen. – Da nun die Wogen der Auseinandersetzung sehr hoch gingen und der Dorffriede so in Gefahr war, dass andere wesentliche Aufgaben ganz in den Hintergrund gedrängt worden wären, habe ich darauf hingewiesen, dass bei aller Grundsatztreue im persönlichen und erzieherischen Bereich in obiger Frage für mich das, was zum Beispiel im Dunstkreis der Diskotheken und Glückspielzentren geschieht, viel bedenklicher ist als das, was sich im Dampf der Sauna tut. Das ist alles.

Ich gebe ja gerne zu, dass für schlagzeilenschmiedende Journalisten ein Bischof, der seinen Krummstab segnend und schützend über die schwitzenden Männlein und Weiblein schwingt, eine geradezu atemberaubende Vision darstellt. Aber es bleibt ein Traumbild. Der große Pontifikalsegen für die gemischte Sauna findet nicht statt. Womit ich dem „Kurier“ für den Raum zur Klarstellung danke und mich wieder dringenderen Fragen des Reiches Gottes zuwende.

Reinhold Stecher
Bischof von Innsbruck

Des Hausmanns Fluch

Reinhold Stecher hat Reisen nach Frankreich wegen seiner schönen Landschaft und seiner Kunstschätze sehr geliebt. Infolge der großen Landflucht konnte man dort günstig ein Haus oder eine Wohnung mieten. Aus einem dieser Frankreich-Aufenthalte – und zwar im Ort Pleaux – stammt dieses Gedicht.

Am End' des Tages, eines schwülen,
hört man die Waschmaschine spülen.
Mit Plätschern, Gurgeln und mit Tosen
holt sie den Schweiß aus Hemd und Hosen.
Des Hauses Dame, tüchtig-fesch,
entnimmt ihr dann die feuchte Wäsch',
geht in den dunklen Anger still,
weil sie die Wäsch' aufhängen will.

Der Hausmann folgt ihr hilfsbereit.
Es wird ja alles leicht zu zweit.
Denn er liebt tief und ernst die Seine
und hängt so auch schon an der Leine.
Sein guter Will' kennt keine Grenzen,
doch fehlen ihm die Kompetenzen.
Man lernt ja in Kanzlei und Kammern
nichts Näheres von Wäscheklammern.
So fühlt er, leicht verletzt und bissig:
„Ach Paul, du bist hier überflüssig!

Du wirst – es musste ja so kommen –
als Hausmann nicht ganz ernst genommen."

Er geht zurück – doch vor der Türe
hält er noch inne – dunkle Schwüre
spricht er ins Dunkel: „Nasse Fetzen,
ihr könnt mich nimmermehr verletzen!
Ihr habt mich zum Gespött gemacht.
Ich wünsch euch eine böse Nacht!"

Sprachs – und verschwand dann leicht erbost
und sucht im Armagnac den Trost.

Die schwüle Nacht zieht über's Land
und mit ihr eine Wolkenwand.
Das Ehepaar liegt schon im Bette
und schnärchelt leise um die Wette.
Auf einmal bricht der Sturm herein
und schlägt beinah' die Fenster ein.
Die Blitze flammen in der Runde.

Da schlägt des Hausmanns große Stunde:
Bei Donnerschlag und Sturmgewühl
erwacht erneut sein Selbstgefühl.
Doch die verfluchten Wäschestücke,
sie wurden Opfer dieser Tücke
der Elemente, der gemeinen.
Sie rissen alles von den Leinen.

Am Morgen nach dem Schreck, dem großen,
lagen im Gras die nassen Hosen.
Die eine, wasserschwer und feucht

Gewitterstimmung in Frankreich

mit letzter Kraft zur anderen keucht:
„Ich kann mich keines Sturms entsinnen
im Leben, außen oder innen,
der uns erniedrigt hätte so."

Es war die Nacht, die Nacht von Pleaux.

Was lesen wir in einem Buch:
Und heißen tut's: Des Hausmanns Fluch.

Der Karmel in Dachau

Meine Lieben – Der Blick geht von der Kirche des Karmel auf den Wachtturm des Schreckens. Es ist für mich immer noch unfassbar, dass ich vor 69 Jahren als Häftling herkommen sollte und nun als Exerzitienleiter hier bin …

Aus den Tagen des Gebetes einen herzlichen Gruß!

Euer

+ Reinhold

Gott landet leise

Heilige Nacht, Hochrum 2010

Es ist in Rum immer wieder ein vieldiskutiertes Thema gewesen – die Frage des Hubschraubers, der Verletzte bringen soll. Seine Landung ist einfach zu laut, meinen manche. Ja wenn er so leise käme wie der Bus, der über die Lärchenstraße heraufschleicht, oder noch besser, so leise wie der Schnee, der herunterrieselt – dann wäre alles in Ordnung. Aber eine laute Landung ist zu störend.

Meine Lieben, in dieser Nacht in Hochrum rede ich von einer leisen Landung. In der Nacht von Bethlehem ist der Unendliche leise in dieser Welt gelandet, so leise, dass man es nicht einmal in diesem kleinen Nest Bethlehem wahrgenommen hat. Die alte Wohn- und Stallhöhle, schon seit Jahrtausenden als solche zeitweise benützt, lag sowieso ein wenig im Out der Siedlung. Und was da bei den Wanderhirten auf dem Feld passiert ist, das war überhaupt außerhalb der Lebenswelt von Bethlehem. Denn Wanderhirten waren Fremde – und wenig Geachtete in der gesellschaftlichen Hierarchie von damals. Ihre Aufregung hatte nicht mehr Bedeutung als die Geschehnisse in einer Flüchtlingsbaracke, einer Obdachlosenunterkunft oder einem Romalager heute.

Gott landete leise.

So war es schon mit den dichterischen Worten des Buches der Weisheit im Alten Testament vorhergesagt:

Sonne im Morgennebel

„Als alle Dinge in der Mitte des Schweigens waren
und als die Nacht in der Mitte hielt ihre Bahn,
da schwang sich dein allmächtiges Wort vom Himmel
auf die Erde ..." (Weish 18,14–15)

Gott landet leise.

In allen Religionen der Erde ist Stille und Schweigen der Ort, wo man dem Göttlichen begegnet. Das Unsagbare taucht in der Seele erst auf, wenn alles Laute, Oberflächliche, Vordergründige, Belanglose, Unwichtige zurücktritt. Darum ist wohl eine zu lärmende, Aug, Ohr und Sinn ablenkende Welt sehr oft eine areligiöse Welt.

Gott landet leise.

Nicht nur in der Krippe, auch in unseren Herzen. Wir haben das vielleicht schon in der Stille der Natur gespürt. Beim Innehalten über der Waldgrenze, vor dem Spiegel eines Sees, im Schweigen eines Kars, in einem Gipfelblick – da kann es doch sein, dass wir vom Ewigen berührt werden und das Herz Flügel bekommt.

Gott landet leise.

Das könnte man auch von den großen Bewegungen der Heilsgeschichte sagen.

Leise die Wüste von Hauran, in die sich Paulus zurückzog, bevor er die Weltmission startete. Leise war die Einsamkeit des heiligen Benedikt, wo die Ordensregel reifte, die das Abendland gestaltete. Leise waren die Wälder und Höhen Umbriens, in denen Franziskus Christus begegnete und der

Sonnengesang aufblühte. Leise war es in der Höhle von Manresa, wo Ignatius von Loyola die Reform der darniederliegenden Kirche begann.

Gott landet leise.

Selbst für das größte Ereignis der Weltgeschichte, seine Menschwerdung, hat Gott sich für eine leise Landung entschieden. Aber auch bei uns selbst. In jeder echten Selbsterkenntnis, in jedem ehrlichen Eingeständnis, in jedem Sinneswandel, in jedem guten Gedanken, in jedem Erwachen von Liebe und Einfühlung, in jedem Entschluss zu helfen, landet Gott in unserem Herzen – fast immer – leise.

Gott landet leise.

Vielleicht singen wir dann das alte „Stille Nacht, Heilige Nacht", nicht nur als trauliche Stimmungsmusik, sondern mit einem neuen Tiefsinn und mit der Bitte, dass Gottes Sohn nicht nur in der Krippe, nicht nur im Stall, sondern auch im Innersten unseres Herzens, unseres Gewissens, unserer Überzeugung und unserer Wertvorstellungen landen möge.